Un parcours initiatique pour se réinventer

Activer sa magie par l'Alchimie Blanche

Le lotus & l'éléphant

À Tahitoa et Aëlle, qui nous ont inspiré ce livre et initiées à leur magie

• • •

Ô vous, soyez témoins que j'ai fait mon devoir
Comme un parfait chimiste et comme une âme sainte.
Car j'ai de chaque chose extrait la quintessence,
Tu m'as donné ta boue et j'en ai fait de l'or.

Charles Baudelaire, *Les Fleurs du Mal*

Préface

Pendant trente ans, j'ai travaillé sur la thématique de « Mieux se connaître et comprendre l'autre ». J'ai exploré ce champ de bien des façons, aussi bien avec des Professeurs en médecine qu'avec d'éminentes pointures sur l'intuition, des professionnels de la Gestalt thérapie ou de la transe... J'ai rencontré de bien beaux outils, comme l'Ennéagramme, qui proposent des points de repère sur la nature humaine. Au fil des ans, j'ai été en contact avec trente mille personnes dans mes séminaires pour notamment discerner des chemins d'évolution et, finalement, deux constats se dégagent :

- Aussi bonnes que soient les différentes grilles de lecture sur la personnalité, la nature humaine garde sa part de mystère.

- Au final, si nous décidons de nous réveiller à nous-mêmes, il nous faudra cheminer dans nos profondeurs intérieures.

Loin d'être un long fleuve tranquille, ce chemin demande courage et abnégation. Se transformer passe des phases de mue, voire de deuil. L'expression : « sortir de ses zones de confort » est bien fade par rapport aux nuits sombres de l'âme que certains / certaines auront à traverser sur le chemin vers leur être essentiel. Ce cheminement étant majoritairement solitaire, il est difficile de s'appuyer sur des recettes qui ont pu être utiles à d'autres. Alors, bravo à Blandine et à Fabienne pour avoir rédigé cet ouvrage sur l'alchimie. Leurs exemples et leurs métaphores me semblent aussi précieux que pertinents. Il n'est pas simple de traiter d'un sujet au carrefour de la philosophie, de la psychologie et de la spiritualité. Il fallait oser jongler avec Carl Jung et magie, avec licornes et sphinx, avec des symboles, des archétypes et des passages secrets ! Le résultat est puissant. Encore bravo et longue vie à l'Alchimie Blanche.

Eric Salmon,

MBA en ressources humaines, Fondateur du Centre d'Études de l'Ennéagramme, Consultant à HEC Management

Sommaire

Introduction

Quoi que tu rêves d'entreprendre,
commence-le. L'audace a du génie,
du pouvoir, de la magie.
Citation attribuée à Goethe

Ce livre est une invitation à manier l'alchimie en chevauchant une licorne.

Si le propos semble facétieux, la réalité du voyage n'en est pas moins sérieuse. Animal magique par excellence, la licorne est le symbole d'une des grandes étapes du processus alchimique. Nous vous proposons d'explorer ce processus dans son ensemble pour résoudre vos défis du quotidien et ceux de notre communauté d'êtres humains.

Aujourd'hui, nous savons que notre humanité est à la croisée des chemins.

Nous avons collectivement exploré, jusqu'à épuisement des ressources de notre planète, la matérialité des choses. Il apparaît urgent, comme l'a prédit André Malraux au siècle dernier, de revenir à une forme de spiritualité si nous voulons continuer à évoluer. Le choix d'un monde spirituel n'est cependant encore qu'une option parmi d'autres. Une autre option, technologique, se dessine parallèlement, visant à rendre l'être humain techniquement immortel. Enfin, une troisième option, d'ordre religieux, existe, obéissant à des dogmes. Il appartient désormais à chacun·e de se mobiliser pour militer en faveur de la cause qui lui semble la plus juste.

Face à ceux·elles qui proposent l'avènement d'un être humain augmenté ou conduit par un dogme, nous sommes de ceux·elles qui militent pour un individu révélé. De fait, nous privilégions l'éveil des consciences par un cheminement personnel. Et nous proposons la voie alchimique comme une voie idéale pour faire advenir cette révélation chez les femmes et les hommes.

L'alchimie est une très vieille tradition ésotérique de transmutation de l'âme. Elle a pour but de nous faire passer des ténèbres de l'inconscient aux lumières de la connaissance, du plomb à l'or.

Ce livre vous propose donc d'explorer cette voie millénaire, oubliée et/ou galvaudée mais pourtant profonde et pragmatique. Nous vous convions à lever les premiers voiles pour engager le chemin de révélation de votre magie personnelle.

On parle beaucoup d'alchimie, à tort et à travers, pour la ridiculiser ou en faire un objet marketing. Dans ce livre, nous vous invitons à faire de l'alchimie une expérience personnelle et spirituelle.

Nous partons de vous, lecteur·rice·s, en vous invitant à faire un premier bilan sous la forme d'un questionnaire. En fonction de vos résultats, vous pourrez lire certains chapitres ou l'intégralité du livre, de façon linéaire ou en rebondissant d'un aspect à un autre du parcours alchimique.

Ce parcours, le plus souvent, est composé de trois étapes : noir, blanc, rouge. Dans ce livre, nous travaillons avec un Grand Œuvre en quatre étapes. L'œuvre au jaune – la phase de réunification de nos polarités – revêt pour nous un intérêt majeur qui gagne à être développé et, surtout, conscientisé.

En proposant des accompagnements depuis près de dix ans, il nous apparaît aussi que, si l'on parle beaucoup des phases du Grand Œuvre, on ne communique pas assez sur l'importance des passages entre ces phases, et du besoin d'accompagnement qui leur est associé. C'est pourtant là que ça coince, le plus souvent. Ce livre fait donc la part belle à ces transitions essentielles pour avancer en conscience.

Enfin, nous, autrices, sommes des femmes sur la voie alchimique. L'une est peintre et coach, l'autre est gestalt-thérapeute et énergéticienne. Pendant des siècles, la représentation de l'alchimie était principalement masculine. Il a cependant toujours existé une histoire féminine de l'alchimie. De façon binaire et invariable, aux hommes revenait l'alchimie des métaux et aux femmes celle des plantes, avec le mythe de la sorcière entourée de ses philtres et potions.

Notre approche spécifique, cependant, ne porte ni sur la voie des métaux, ni sur celle des plantes. En ceci, nous engageons sans doute une nouvelle voie que nous avons choisi d'appeler **l'Alchimie Blanche**. Cette voie prend en compte les apports de la psychologie moderne et de l'énergétique pour répondre aux enjeux majeurs qui se présentent à nous, tant au niveau personnel que sociétal.

L'Alchimie Blanche est le fruit de notre recherche et de notre chemin et ce que nous avons à vous « transm'être » pour que « l'âme agit ».

• • •

Notre voyage dans le miraculeux peut commencer dès maintenant. La voie du magicien n'appartient pas à un passé révolu. Elle est toujours et partout possible. Elle appartient à tous et à personne. Le but de cet ouvrage est simplement de vous restituer ce qui vous appartient.

Dr Deepak Chopra, *La Voie du magicien*

CHAPITRE 1

Le questionnaire

...

Pour bien faire,
il faut bien commencer.

Mary Poppins

Pourquoi commencer par un test ?

Parce que ce livre a pour vocation de venir vous chercher là où vous en êtes actuellement et vous permettre de continuer votre cheminement en conscience. Un plus un, plus un, plus un... Si chacun·e de nous, d'une façon ou d'une autre, décide de se mettre en mouvement, alors nous participons tou·te·s à l'avènement d'un éveil mondial.

Sur quoi avez-vous à travailler actuellement ?

Les problématiques sont de quatre types :

1. de nature matérielle (argent, travail, territoire...)
2. de nature existentielle (affectif, relationnel, problème d'alignement corps-cœur-esprit...)
3. de nature intellectuelle (compréhension, stratégies, communication avec soi sur tous les plans...)
4. d'ordre spirituel (accès au divin en soi)

L'alchimie peut y répondre. Ce chemin initiatique donne accès à la conscience. Il s'agit d'une approche occidentale, mais d'autres traditions en proposent.

Le Grand Œuvre, inconsciemment, vous l'avez déjà traversé des centaines de fois (nous aurons l'occasion d'y revenir plus tard). Mais où en êtes-vous aujourd'hui ? Quelle est la phase du Grand Œuvre que votre problématique vous invite à travailler ?

Il s'agit ici d'alchimie pratique, appliquée au moment de vie que vous traversez.

À partir d'un problème qui vous préoccupe actuellement, nous vous proposons de répondre aux 32 questions suivantes :

1 Avez-vous la sensation d'être perdu·e dans les options possibles pour résoudre votre problème ?

0 ☐ • jamais
1 ☐ • parfois
2 ☐ • souvent
3 ☐ • absolument !

2 La peur de l'inconnu a-t-elle tendance à vous bloquer ?

0 ☐ • jamais
1 ☐ • parfois
2 ☐ • souvent
3 ☐ • absolument !

3 Afin de résoudre ce problème rapidement, avez-vous tendance à trancher sans plus de discernement, à ne pas faire dans le détail, quitte à engendrer quelques dégâts alentour ?

0 ☐ • jamais
1 ☐ • parfois
2 ☐ • souvent
3 ☐ • absolument !

4 Vous arrive-t-il de vous dire que tout est lié aux planètes et que vous ne pouvez rien y changer ?

0 ☐ • jamais
1 ☐ • parfois
2 ☐ • souvent
3 ☐ • absolument !

5 Votre sécurité matérielle est-elle une de vos principales préoccupations ?

0 ☐ • jamais
1 ☐ • parfois
2 ☐ • souvent
3 ☐ • absolument !

6 Avez-vous la sensation que les autres ne perçoivent pas votre problème à sa juste mesure parce qu'il·elle·s vous pensent fort·e ?

0 ☐ • jamais
1 ☐ • parfois
2 ☐ • souvent
3 ☐ • absolument !

7 Ce problème vous donne-t-il une envie irrépressible de fuir la réalité ?

0 ☐ • jamais
1 ☐ • parfois
2 ☐ • souvent
3 ☐ • absolument !

8 Avez-vous l'impression que c'est toujours le même problème qui revient sous une forme différente ?

0 ☐ • jamais
1 ☐ • parfois
2 ☐ • souvent
3 ☐ • absolument !

9 La colère, l'agressivité vous submergent-elles, jusqu'à vous faire sortir de vos gonds ?

0 ☐ • jamais
1 ☐ • parfois
2 ☐ • souvent
3 ☐ • absolument !!

10 Avez-vous tendance à procrastiner ?

0 ☐ • jamais
1 ☐ • parfois
2 ☐ • souvent
3 ☐ • absolument !

11 Avez-vous l'impression que vos problèmes vous asphyxient, que vous manquez d'air au sens propre comme au sens figuré ?

0 ☐ • jamais
1 ☐ • parfois
2 ☐ • souvent
3 ☐ • absolument !

12 Avez-vous tendance à vouloir vous rassurer en vous documentant et en cherchant des informations ?

0 ☐ • jamais
1 ☐ • parfois
2 ☐ • souvent
3 ☐ • absolument !

13 Avez-vous ces derniers temps plus particulièrement peur des lieux clos, petits ou étroits ?

0 ☐ • jamais
1 ☐ • parfois
2 ☐ • souvent
3 ☐ • absolument !

14 Aimeriez-vous que la magie puisse résoudre vos problèmes ?

0 ☐ • jamais
1 ☐ • parfois
2 ☐ • souvent
3 ☐ • absolument !

15 Avez-vous la sensation que votre énergie est bloquée à l'intérieur, que vous ne parvenez pas à l'exprimer ?

0 ☐ • jamais
1 ☐ • parfois
2 ☐ • souvent
3 ☐ • absolument !

16 Doutez-vous de la recevabilité de vos demandes à l'Univers ? Plus précisément : vous arrive-t-il de formuler des demandes (à l'Univers, à une instance supérieur/magique) tout en doutant qu'elles soient entendues ?

0 ☐ • jamais
1 ☐ • parfois
2 ☐ • souvent
3 ☐ • absolument !

17 Alternez-vous des phases d'exaltation et de dépression ?

0 ☐ • jamais
1 ☐ • parfois
2 ☐ • souvent
3 ☐ • absolument !

18 Avez-vous tendance à croire que vous n'avez pas besoin des autres pour résoudre le problème qui vous préoccupe ?

0 ☐ • jamais
1 ☐ • parfois
2 ☐ • souvent
3 ☐ • absolument !

19 Vous réfugiez-vous dans une routine pour vous rassurer, quitte à tourner en rond ?

0 ☐ • jamais
1 ☐ • parfois
2 ☐ • souvent
3 ☐ • absolument !

20 Avez-vous l'impression que vous passez d'un excès de confiance en vous à une absence totale d'assurance, et vice versa ?

0 ☐ • jamais
1 ☐ • parfois
2 ☐ • souvent
3 ☐ • absolument !

21 Vous sentez-vous incapable de parler posément, sans pleurer ou vous effondrer, de ce qui vous préoccupe ?

0 ☐ • jamais
1 ☐ • parfois
2 ☐ • souvent
3 ☐ • absolument !

22 Êtes-vous particulièrement obsédé·e par les détails ?

0 ☐ • jamais
1 ☐ • parfois
2 ☐ • souvent
3 ☐ • absolument !

23 Avez-vous tendance ou envie de vous en remettre à quelqu'un·e d'autre pour résoudre votre problème ?

0 ☐ • jamais
1 ☐ • parfois
2 ☐ • souvent
3 ☐ • absolument !

24 Avez-vous tendance à vouloir sous-estimer vos problèmes pour ne pas vous sentir vulnérable ?

0 ☐ • jamais
1 ☐ • parfois
2 ☐ • souvent
3 ☐ • absolument !

25 Avez-vous la sensation de ne pas avoir une vision globale et claire de ce qu'il vous faut mettre en œuvre ?

0 ☐ • jamais
1 ☐ • parfois
2 ☐ • souvent
3 ☐ • absolument !

26 Avez-vous du mal à faire la part des choses entre ce que vous ressentez et la réalité ?

0 ☐ • jamais
1 ☐ • parfois
2 ☐ • souvent
3 ☐ • absolument !

27 Avez-vous besoin pour vous rassurer, de stocker, d'emmagasiner le plus de provisions possibles ?

0 ☐ • jamais
1 ☐ • parfois
2 ☐ • souvent
3 ☐ • absolument !

28 La sensation d'une possible toute-puissance incontrôlable vous a-t-elle déjà traversé·e?

0 ☐ • jamais
1 ☐ • parfois
2 ☐ • souvent
3 ☐ • absolument !

29 Ce problème bloque-t-il votre capacité d'action, vous paralyse-t-il ?

0 ☐ • jamais
1 ☐ • parfois
2 ☐ • souvent
3 ☐ • absolument !

30 Vos problèmes vous submergent-t-ils de culpabilité ?

0 ☐ • jamais
1 ☐ • parfois
2 ☐ • souvent
3 ☐ • absolument !

31 Vous sentez-vous en suspens dans votre vie, comme privé·e de racines ?

0 ☐ • jamais
1 ☐ • parfois
2 ☐ • souvent
3 ☐ • absolument !

32 Êtes-vous sujet·te au pessimisme, au défaitisme ?

0 ☐ • jamais
1 ☐ • parfois
2 ☐ • souvent
3 ☐ • absolument !

Débriefer le test

Remplissez le tableau suivant en répartissant les questions entre les quatre colonnes en fonction du score que vous leur avez attribué.

Exemple : vous avez répondu « absolument ! » à la question 2. Votre score pour cette question est donc de 3, à reporter dans la case de la première colonne du tableau ci-dessous (L'œuvre du Corbeau).

	CORBEAU	LICORNE	SPHINX	PHÉNIX
	Q2	Q4	Q1	Q3
	Q5	Q7	Q8	Q6
	Q10	Q14	Q11	Q9
	Q13	Q16	Q12	Q15
	Q19	Q17	Q22	Q18
	Q23	Q21	Q25	Q20
	Q27	Q26	Q30	Q24
	Q29	Q31	Q32	Q28
SCORES				

Ce test a pour mission de vous permettre de vous repérer dans les quatre phases du Grand Œuvre alchimique. Nous reviendrons largement sur ces quatre phases et la façon dont elles s'articulent entre elles, mais sachez déjà à ce stade que :

◆ **L'œuvre du Corbeau**, dite noire, est en lien avec l'élément Terre, l'énergie corporelle, la matérialité (le solide, le concret). **Ce qui est inaliénable en vous OU ce qui vous aliène encore.**

◆ **L'œuvre de la Licorne,** dite blanche, est en lien avec l'élément Eau, l'énergie émotionnelle. Cette énergie représente **votre canal entre le ciel et la terre** qui constitue pour vous une ressource s'il est bien dégagé OU qui vous bloque lorsqu'il est encombré de scories émotionnelles.

◆ **L'œuvre du Sphinx,** dite jaune, est en lien avec l'élément Air, l'énergie intellectuelle. L'œuvre au jaune représente **votre partie complémentaire** qui vous permet de vous réunifier OU votre partie manquante, sous-estimée, mésestimée, oubliée, à réintégrer.

◆ **L'œuvre du Phénix**, dite rouge, est en lien avec l'élément Feu et l'énergie pulsionnelle. Cette énergie vous invite à **accorder au monde le pouvoir (le feu sacré)** dont vous êtes porteur·euse OU, s'il est retenu, voir mal dirigé, à éviter de vous brûler.

Comment interpréter vos résultats ?

Le score le plus important se rapporte à l'étape du Grand Œuvre qu'il vous faut conscientiser plus particulièrement aujourd'hui. Nous vous invitons donc à aller lire le chapitre qui s'y rapporte pour en comprendre la proposition.

Si vous avez deux, trois ou quatre, scores élevés ex aequo, vous allez devoir vous reporter aux deux, trois ou quatre chapitres qui en parlent.

Nous vous invitons d'abord à vous reporter au chapitre 3 (p. 56) qui parlent des étapes du Grand Œuvre. Puis, pour vous accompagner dans votre quête, allez au chapitre 4 (p. 122) pour mieux comprendre comment passer à l'étape suivante.

Le chapitre 2 qui suit, vous propose, avant d'engager la quête que vous vous apprêtez à vivre, d'aborder l'alchimie sous une perspective historique, philosophique et symbolique.

CHAPITRE 2

L'alchimie et le Grand Œuvre

• • •

Quand tu veux quelque chose, tout l'univers conspire à te permettre de réaliser ton désir.

Paolo Coelho, *L'Alchimiste*

A. La symbolique du Grand Œuvre : transmuter ce qui nous plombe en or

Le terme *alchimie* viendrait de l'arabe *al-kimiya*, qui dérive probablement de l'égyptien ancien *kêmet* (« la terre noire »), en référence au limon noir des rives du Nil. Selon la tradition ésotérique, les Égyptiens seraient les premiers alchimistes : ils auraient reçu ce savoir du dieu Thot, appelé chez les Grecs « Hermès Trismégiste ». C'est en référence à cette divinité que fut baptisé l'hermétisme, autre nom pour l'alchimie. L'alchimie aurait ensuite gagné le monde arabo-musulman pour se développer dans toute l'Europe au Moyen Âge et à la Renaissance.

Au cœur de tout ce que vous pourrez lire de contradictoire ou de franchement farfelu sur les alchimistes, une idée reste fondamentale : l'alchimiste considère que l'expérimentateur·rice est partie prenante de l'expérience. Lorsqu'il·elle travaille à transmuter le plomb en or, c'est sur lui·elle qu'il·elle travaille avant tout, à une meilleure version de lui·elle-même.

La quête alchimique est une voie de développement personnel et spirituel pour aller à la rencontre de sa légende personnelle dont parle si bien Paulo Coehlo dans son roman *L'Alchimiste*. C'est une quête de transcendance pour transmuter son énergie pulsionnelle animale en conscience de sa nature divine humaine. Concrètement, un être humain éveillé cesse d'obéir aveuglément à ses pulsions, à des lois imposées par un dogme ou une instance dirigeante. Il prend sa place dans le monde à partir d'une sagesse acquise pendant le travail sur le Grand Œuvre.

Mais qu'est-ce que le Grand Œuvre ?

Le Grand Œuvre est l'ensemble de la quête alchimique. Elle est constituée d'étapes qui portent le nom de couleurs et d'animaux symboliques : le Corbeau pour l'œuvre au noir, la Licorne pour l'œuvre au blanc, le Sphinx pour l'œuvre au jaune, le Phénix pour l'œuvre au rouge. La quête ne s'arrête pas au rouge. Le Grand Œuvre est un cycle qui se répète lorsqu'on est parvenu·e à monter en conscience, un peu comme une spirale ou un escalier hélicoïdal.

Chacune de ces étapes vous attend pour vous livrer un message chargé de symboles.

Un symbole

Les symboles peuvent être de nature différente dans notre société. Certains sont dépourvus de toute énergie et sont uniquement intellectuels (ex : les symboles des panneaux du Code de la route). D'autres sont reliés à l'inconscient collectif par l'intention qui habite ces symboles, (ex : la rose rouge pour les amoureux·euses). D'autres enfin sont habités par une forte énergie de l'inconscient collectif (ex : les archétypes universellement partagés, comme Mars, Hermès, Blanche-Neige et tant d'autres figures. Sous ces noms ou d'autres, ils sont des archétypes communs à toutes les cultures humaines. On les retrouve de siècle en siècle, transmis à l'oral ou à l'écrit).

Dans son origine latine, *symbolium* est un mot dérivant lui-même du grec ancien *sun-ballein* (σύν-βαλλειν) signifiant « jeter ensemble, réunir ». C'est donc un pont jeté entre les deux mondes et destiné à les réunir. Le symbole a pour fonction essentielle de faire communiquer les différents plans de conscience entre eux.

Ces symboles sont des messages qui parlent directement à l'Être et que vous portez à l'intérieur, sans avoir à passer par votre conscience. Cependant, rien n'empêche celle-ci d'en capter le sens. C'est à ce prix que le chemin peut s'ouvrir véritablement et que vos pas peuvent vous porter vers une première prise de conscience. Que vous en soyez là, au début du voyage, ou à une étape beaucoup plus avancée, nous vous en souhaitons beaucoup d'autres !

L'alchimie a traversé l'histoire et bien des pays pour parvenir, chargée de mystères (et de confusions aussi !) jusqu'à nous. Avant d'en aborder les aspects symboliques, un peu d'histoire s'impose.

L'alchimie, une discipline sulfureuse et dissidente

La première période de l'alchimie est appelée gréco-égyptienne et aurait commencé aux alentours du IIIe siècle av. J.-C. Pour les alchimistes de cette époque, les métaux sont composés de deux substances, la soma, le corps qui est solide, et la pneuma, l'esprit, qui est volatil. Ils ou elles tentent, en passant le métal par le feu, de séparer ces deux éléments avec l'idée d'associer la soma (le corps) plomb, à la pneuma (l'esprit), et de réaliser ainsi la Chrysopée, l'art de faire de l'or par la transmutation.

Cette quête s'appelle le Grand Œuvre.

Elle peut être comprise de deux façons. Une première interprétation consiste à dire qu'il s'agit de modifier des objets pour en obtenir un bénéfice financier plus grand (l'or valant bien plus que le plomb). L'autre interprétation postule que l'alchimiste est partie prenante de l'expérience, et que c'est son propre plomb qu'il transforme en or, passant d'un homme grégaire et inconscient à un être initié, pour le plus grand bénéfice de l'humanité.

Lors de son règne (245-313 ap. J.-C.), l'empereur Dioclétien ordonne la destruction de tous les textes relatifs à l'alchimie. C'est la première des nombreuses répressions dont elle fera l'objet et qui expliquent la difficulté d'en retrouver les traces et de les comprendre quand elles sont parvenues jusqu'à nous. En effet, l'alchimie propose à l'être humain d'être l'artisan·e de sa réalisation, quand le dogme chrétien émergeant exige la soumission à des règles divines sur lesquelles l'être humain n'a aucune emprise.

La deuxième grande période de l'alchimie est dite arabo-persane. Elle s'étend du VIIIe siècle au XIVe siècle. Les savant·e·s, médecins, philosophes et poète·sse·s de cette période, ont travaillé et enrichi les textes hérités de la période précédente. C'est par eux·elles que, nous sont parvenus, directement ou, le plus souvent, indirectement, les textes qui ont échappés à la destruction ordonnée par Dioclétien.

La troisième période commence au Xe siècle en Europe, en plein Moyen Âge, avec une apogée au XVe siècle. Les alchimistes vont se déplacer à travers l'Europe.

On les retrouve autour des grands chantiers des cathédrales dont la pierre et les vitraux vont, à l'insu du dogme qui les pourchasse toujours, illustrer la symbolique et ses secrets. Ces hommes et ces femmes vont avoir leurs propres routes de pèlerinage et transmettre ainsi leurs connaissances dans un langage incompréhensible pour les profanes : la langue des oiseaux.

La langue des oiseaux

Cette langue du Moyen Âge se forme sur des jeux de mots basés sur l'homophonie, les anagrammes et les décompositions phonétiques, pour révéler des sens cachés ou symboliques. Elle est souvent utilisée en ésotérisme, en alchimie et en poésie pour transmettre des messages codés ou initiatiques.

Son nom pourrait être lié aux oiseaux eux-mêmes, symboles de l'élévation spirituelle et du langage céleste dans plusieurs traditions mystiques.

Cette langue a été popularisée par les écrits de Fulcanelli, alchimiste du XXe siècle, qui l'associe à la quête du savoir occulte.

Vous en trouverez des exemples au chapitre 4 (p. 122). Les mantras que nous avons inventés sont construits sur ce principe.

Un jeu de cartes apparu au XVe siècle en illustre les symboles et contribue ainsi à les transmettre d'un·e initié·e à un·e autre initié·e. C'est le tarot de Marseille.

À partir du XVIe siècle, la révolution scientifique commence mais les chercheur·euse·s continuent néanmoins à pratiquer, plus ou moins secrètement, l'alchimie jusqu'au XVIIIe siècle. On sait que Newton et Robert Boyle, les deux grands fondateurs de la physique et de la chimie actuelles, l'ont pratiquée en leur temps, même s'ils l'ont dénigrée ensuite. Fondamentalement, la démarche scientifique se distinguera du cheminement alchimique en considérant valide une expérience dans laquelle l'expérimentateur ne joue aucun rôle. L'alchimiste, en effet, est toujours partie prenante de l'expérience qu'il mène dans son creuset.

Pour étudier l'alchimie, il faut se défaire de l'idée d'une proto-science moderne inventée par de pittoresques sorcier·ère·s et imaginer que l'on ouvre par elle une fenêtre sur une part essentielle de notre patrimoine occidentale. Elle est une vision du monde, commune à la culture européenne depuis des siècles, dans laquelle la dimension sacrée de l'être humain est une expérience quotidienne. Elle propose une conception bien éloignée de la pensée actuelle selon laquelle le corps serait une sorte de machine au service du cerveau.

Grand Œuvre alchimique et psyché

Dans les années 1930, Carl Gustav Jung s'engage dans l'étude des textes anciens relatifs à l'alchimie et y puise l'inspiration de ce qu'il appellera la « psychologie des profondeurs », les fondements de notre psyché à travers l'inconscient collectif. L'étude de ses propres rêves et de ceux de ses patient·e·s, lui a permis de démontrer que la structure de nos rêves est identique à celle du Grand Œuvre alchimique.

•••

L'alchimie est un procédé par lequel on peut parvenir à l'individuation. Elle nous enseigne comment transformer les forces inconscientes, obscures, en lumière consciente.

Jung, extrait de *Psychologie et Alchimie*

Jung

Le médecin et psychanalyste suisse Carl Gustav Jung (1875-1961) explore la notion d'énergie qu'il va substituer à la libido freudienne. Liée à l'instinct, à la volonté, à l'émotion, etc., elle apparaît comme un potentiel dans lequel nous puisons sans cesse durant notre existence. Il aborde également très tôt diverses manifestations universelles comme la symbolique du rêve, les phénomènes dits occultes, la croyance en l'immortalité de l'âme ou aux esprits.

Dans les années 1930, il s'engage dans l'étude des textes anciens relatifs à l'alchimie et y puise l'inspiration de ce qu'il appellera la **psychologie des profondeurs**. Il démontre que tou·te·s, ignorant·e·s ou initié·e·s, reconstituons et revivons en boucle le Grand Œuvre alchimique dans notre inconscient. Une mémoire ancienne nous traverse à notre insu pour nous inviter à transformer notre plomb en or. L'inconscient y joue, en quelque sorte, le rôle d'un guide vers la réalisation de notre Être intérieur, que Jung appelle le Soi.

L'alchimie est un art sacré (« ça crée » dirait-on en langage des oiseaux), un chemin initiatique au cours duquel le travail s'effectue à la fois dans un laboratoire (travail extérieur) et dans un oratoire (travail intérieur). Son but est de spiritualiser la matière (le corps humain) en procédant à un alignement intérieur.

Cet alignement permet à la lumière de pénétrer la matière qui, longuement préparée, n'offre alors plus de résistance à sa révélation. **La pratique de l'alchimie vise toujours le même objectif : relier le ciel et la terre pour opérer l'ouverture au centre de l'être humain.**

Grand Œuvre… Le mot « œuvre » impressionne parce qu'il parle d'art autant que d'excellence. Et l'adjectif « grand » ne fait rien pour en atténuer l'impact. On ne peut l'aborder donc qu'avec beaucoup d'humilité et non sans une grande persévérance. Ce Grand Œuvre consiste ni plus ni moins à faire « notre travail d'être humain », à réaliser la raison pour laquelle nous nous sommes incarné·e·s. C'est le travail d'une vie mais il n'est jamais trop tard pour commencer.

B. Qu'appelle-t-on magie ?

Historiquement, la magie est la science des Mages qui vivaient en Chaldée. Ces prêtres originaires de Babylone étaient respectés dans l'Antiquité pour leurs connaissances magiques et divinatoires. Ils tiraient grande influence de leur capacité à dialoguer directement avec les dieux et les âmes des morts. Leur extraordinaire renommée perdure encore aujourd'hui quand nous les célébrons à l'Épiphanie : ce sont les fameux Rois mages.

Ésotériquement, la magie est basée sur un fait : le monde a une âme et cette âme est vivante. D'ailleurs on peut lire en langue des oiseaux que c'est « l'âme qui agit ». Toute chose dans ce monde possède un esprit et une âme obéissant à des règles de vie. Dans cette représentation du monde, l'être humain est une créature spirituelle incarnée momentanément dans la matière, qui fait de la magie (consciemment ou non) et vit dans un monde gouverné par les esprits.

Les esprits

Le mot « esprit » vient du latin, *spiritus*, le souffle. C'est une référence au mouvement invisible mais actif de toute chose. On peut aussi l'entendre comme le souffle de vie. Chaque chose étant la condensation d'une vive lumière spirituelle, elle possède un esprit en elle-même qui est vivant. Les esprits sont la partie subtile, vivante, active, d'une chose, d'une création, d'une créature mais aussi d'un événement.

Les esprits sont ce qui anime de la matière. Ils peuvent accompagner l'évolution avec fluidité ou être plus turbulents, voire brutaux, s'ils véhiculent l'idée de dissolution. C'est pourquoi, dans la tradition chamanique, on présente le·a magicien·ne alchimiste comme un·e guerrier·ère capable de se défendre et comme un·e médecin capable de vaincre l'esprit des maladies. Les magicien·ne·s sont donc capables de dialoguer avec les esprits pour ne pas se faire manipuler. Dans la tradition alchimique, il·elle·s utilisent la langue des oiseaux.

Si la vision mécaniste (selon laquelle le corps humain est semblable à une machine) nie l'existence de l'âme du monde et de l'esprit des choses, les esprits peuvent agir d'autant plus sur nos vies que nous refusons de les envisager. Si nous n'activons pas notre puissance dans le monde subtil, nous laissons les forces qui le peuplent nous manipuler dans l'ombre de notre inconscient, sous la forme de la cupidité, de la peur, de la haine, de la domination… C'est pourquoi, en réponse à cela, il existe depuis la nuit des temps des enseignements occultes ayant pour but d'amener l'être humain à appréhender et à maîtriser cette partie de lui-même par la connaissance des esprits et de leur fonctionnement. Il devient alors acteur et créateur de sa vie.

Dans l'Antiquité, l'art alchimique (art des métamorphoses de l'âme) était enseigné comme une partie intégrante de la magie dans les écoles des mystères, ces temples où les initié·e·s étaient formé·e·s aux mystères de la sagesse de la nature et apprenaient les connaissances secrètes du monde. Des pyramides égyptiennes aux temples solaires incas, en passant par les grandes cathédrales européennes, les écoles des mystères vont perdurer sous bien d'autres formes à différentes périodes. Elles ont trouvé des héritiers dans diverses traditions philosophiques initiatiques et ésotériques qui ont évolué au fils des siècle jusqu'à aujourd'hui : le néoplatonisme, le gnosticisme, l'hermétisme, l'alchimie médiévale pour les courant philosophiques et ésotériques, la rose-croix et la Franc-maçonnerie pour les ordres et sociétés initiatiques, la théosophie et les écoles gnostiques modernes pour les courants ésotériques contemporains.

Il n'existe d'ailleurs pas une magie mais *des* magies, parce qu'à travers le temps, celle-ci prend des formes différentes, tout en reposant toujours sur les mêmes principes. Dans *L'Art de l'alchimie*, Pascal Bouchet en pose les grandes lignes :

◆ *le principe de cosmogonie universelle* : toute chose est vivante et animée d'un esprit. Elle possède une lumière intérieure qui peut s'éveiller et avec laquelle l'être humain peut interagir.

◆ *le principe du haut et du bas* : ce qui est en bas (le corps) est comme ce qui est en haut (l'esprit). Le plan physique est ainsi la **manifestation du plan spirituel**.

◆ *le principe de macrocosme et de microcosme* : la tradition initiatique (enseignement universel des écoles des mystères) considère que l'être humain est un microcosme façonné à l'image du macrocosme. L'un des buts des écoles des mystères est de se connaître et de s'assumer en tant que manifestation du Divin, comme il est écrit sur le fronton du temple de Delphes : « Connais-toi toi-même et tu connaîtras l'univers et les Dieux. »

◆ *Rien n'est séparé* : si, dans le monde matériel, tout est séparé, dans le monde spirituel, tout est relié. L'alchimie, comme toutes les disciplines magiques, est un art du lien qui cherche sans cesse les correspondances entre le matériel et le spirituel, pour comprendre le sens des manifestations physiques.

Tous ces principes sont partagés par les chaman·e·s (qui mieux qu'eux·elles maîtrisent l'art de la guérison de l'âme ?), les sorcier·ère·s, les druides, les *curanderos* d'Amérique du Sud, les guérisseur·euse·s traditionnel·le·s de nombreuses cultures... Ce sont tou·te·s des magicien·ne·s !

Dans ce livre, nous vous proposons pour chacune des phases du Grand Œuvre un acte de psychomagie qui vous aidera à vous réapproprier la magie de l'étape en question, en fonction de vos besoins et en réponse à votre problématique du moment.

La psychomagie

La psychomagie est l'une des contributions les plus originales d'Alejandro Jodorowsky, artiste chilien multidisciplinaire du xxe siècle et penseur influent dans le domaine de la psychologie.

Inspirée par la psychanalyse freudienne, le chamanisme et le théâtre, la psychomagie propose de résoudre les blocages psychologiques à travers des actes symboliques. Pour Jodorowsky, les nœuds existentiels sont souvent liés à des schémas inconscients hérités de la famille ou de la société.

Il propose d'accomplir des actes qui parlent directement à l'inconscient, permettant ainsi une libération émotionnelle. Ces actes sont souvent absurdes ou poétiques mais leur force repose sur leur impact magique. Il part du principe que l'inconscient, qui prend le symbole pour la réalité, permet de transformer quelque chose dans votre vie en un acte qui résonne symboliquement avec votre problématique.

Des femmes, des sorcières et de la magie…

La magie pratiquée par les femmes, longtemps et souvent réprimée ou dénigrée, semble enfin, de nos jours, émerger dans la lumière et reconnue pour sa véritable valeur.

Nous en sommes tou·te·s les hériti·er·ères.

Qui sait que le fameux bain marie est une invention de la première alchimiste, Marie la Juive ? Cette femme, qui en avait assez que ses préparations de plantes brûlent systématiquement, vécut dans l'Antiquité grecque. Qui se souvient de Hildegarde de Bingen, abbesse bénédictine du XIIe siècle, qui a été la première alchimiste-naturaliste à mettre au point des remèdes médicinaux ? Bien avant l'heure, elle expérimente la démarche holistique à travers la médecine, la diététique, les plantes, la musique et les cristaux pour soigner l'homme en prenant en compte son corps, mais aussi son esprit et son âme. (ex : utilisation des sèves des bouleaux, des bourgeons de cassissiers pour le traitement des articulations douloureuses…)

Mais la plupart de ces femmes puissantes ont disparu de l'histoire, victimes d'un effacement délibéré, comme le raconte Titiou Lecoq dans son livre *Les Grandes Oubliées*. Les hommes se sont réappropriés leurs œuvres, leurs livres, leurs inventions, ou ont minimisé et ridiculisé leurs travaux. Et, quand ça n'était pas suffisant, ils les ont terrorisées ou massacrées.

Il y eut cependant une période de l'histoire, certes bien lointaine, où le divin était féminin. Pendant les milliers d'années du paléolithique et du néolithique, les femmes jouissaient d'un prestige, d'un rayonnement et d'un rôle économique et politique que nous avons du mal à imaginer aujourd'hui. Jusqu'aux premiers siècles des civilisations chrétiennes et musulmanes, les femmes étaient considérées bien différemment. À l'image de la Grande Déesse, elles étaient honorées et n'avaient rien à envier aux hommes. Elles étaient sexuellement libres et indépendantes, donneuses de vie et de mort (car qui donne la vie, donne la mort) mais aussi parce qu'elles pouvaient être guerrières (loin donc de l'image d'Epinal de la femme douce et empathique en toute circonstance). Le culte de la Déesse conférait aux femmes une puissance sans équivalent dans l'histoire de l'humanité.

Les femmes tenaient également une grande place dans la vie intellectuelle. Les premiers documents écrits datant de 3200 av. J.-C. ont été retrouvés dans le temple de la déesse Inanna à Erech dans l'ancienne Mésopotamie. C'étaient des livres de comptes pour la location de terres. Les babyloniennes qui vivaient selon le code de loi d'Hammourabi (vers 1750 av. J.-C.) étaient libres de gérer leur patrimoine et d'exercer un commerce. Elles pouvaient divorcer, intenter des procès et signer des contrats, entre autres... Les prêtresses des temples donnaient des conseils, politiques et militaires, aux rois et aux chefs de guerre.

C'est en Égypte que les femmes semblent avoir gardé le plus longtemps leurs privilèges. Au nom d'Isis, elles avaient la prééminence sur les hommes qui promettaient par contrat de mariage d'obéir à leurs épouses. La transmission des biens par héritage se faisait encore par les femmes jusqu'en 1300 av. J.-C. environ.

Dans ces sociétés de type matrilinéaire, la femme enfantait sans reconnaître le rôle de l'homme dans la procréation et transmettait ses biens à ses enfants. Elle avait une place sociale à part et un pouvoir spirituel sans pareil. Cela demeura ainsi, comme le souligne l'anthropologue et militante féministe Françoise Héritier dans ses ouvrages, jusqu'à ce que les hommes prennent conscience de leur rôle dans la persistance de l'espèce et cherchent à contrôler les femmes et leurs corps.

Les cultures du début du premier millénaire instaurèrent définitivement le pouvoir du patriarcat et une idéologie infériorisante pour la femme. Les dieux remplacèrent les déesses. Les hommes récupérèrent le pouvoir religieux et politique. Les femmes disparurent de la sphère publique et perdirent leur influence.

Depuis la Grande Déesse des Origines, la femme est dépositaire d'une dimension sacrée, que des siècles d'oppression ont engloutie, mais jamais tout à fait éteinte. Elle resurgit çà et là dans le monde et à travers l'histoire comme un témoignage du pouvoir cosmique féminin et une nécessité pour organiser la cité dans le respect du bien de tou·te·s.

Au Moyen Âge en Europe, le statut général de la femme était défini en fonction de sa relation à l'homme (vierge, mariée ou veuve). On trouve néanmoins les femmes partout dans la société. Elles pratiquent les mêmes métiers que les hommes, jusque sur les chantiers des cathédrales. Elles participent à part égale à la vie de la cité. Un type de profession leur était cependant totalement interdit, et non des moindres : celle qui nécessitait des études universitaires.

En effet, dès le XIIIe siècle les clercs lancèrent une offensive contre les femmes pour les exclure du savoir et donc du pouvoir. Ces hommes s'imposent alors dans le paysage politique parce qu'ils savent lire et écrire le latin. Dans le prolongement de la pensée de l'Antiquité, les hommes sont perçus comme supérieurs. Ils sont censés savoir se contrôler tandis que les femmes sont comparées à des animaux incapables de maîtriser leurs désirs et leurs instincts. Cette vision de la sexualité féminine fera, entre autres, le lit des chasses aux sorcières.

Au XIVe et au XVe siècle, ce discours de propagande sur la médiocrité et l'infériorité des femme progresse encore et elles sont de plus en plus mal vues. Un tournant a lieu entre la fin du Moyen Âge et la Renaissance consistant à réduire l'autonomie sociale et professionnelle des femmes et à leur nier toute influence et tout pouvoir sur la société. C'est dans ce contexte qu'on assiste à la publication en 1487 du fameux *Malleus Maleficarum* (« Le marteau des sorcières ») par deux professeurs de théologie allemands. Ce livre abominablement sexiste invite à torturer les femmes pour déterminer lesquelles sont des sorcières. Le livre est un succès et doit être réédité 15 fois en moins de quarante ans ! Les chasses aux sorcières connaissent leur paroxysme entre 1560 et 1630 où on assiste à un féminicide de masse.

Voilà le gros mot lâché... la sorcière. Mais quelle réalité se cache sous cette appellation ?

Le mot vient du latin *sortiarius*, le « diseur de sorts ». Étymologiquement, la sorcière c'est avant tout celle qui jette les sorts. À qui ? Ou plutôt à quoi ? Aux divers maux... En effet, la sorcière est surtout une femme compétente qui a le pouvoir de soulager et de guérir. Et comme nous venons de le voir, c'est précisément ce que les gouvernants en place cherche à éviter ! Ces femmes guérisseuses au Moyen Âge sont l'équivalent de médecins, de sages-femmes, d'herboristes, de pharmaciennes, de naturopathes, d'énergéticiennes... Elles vont payer très cher leur savoir empirique et leur absence de soumission au patriarcat.

Pendant très longtemps, le crédo de la médecine officielle résidera dans le fait que seuls les hommes, par l'intermédiaire de Dieu (et de leur connaissance du latin), peuvent guérir. Entre le Xᵉ et le XVIIIᵉ siècle, on estime que 500 000 femmes sont décédées suite à des accusations de pacte avec le Diable.

Dans la société occidentale européenne, cette tradition féminine a donc été confisquée. Les chamanes, les druidesses, les prêtresses païennes, les praticiennes de l'art de la guérison, ont été traitées de sorcières, de séductrices, et souvent exterminées.

Aujourd'hui, la magie est l'art de ceux et surtout de celle qui savent provoquer des changements en utilisant leurs pouvoirs naturels, leurs savoirs et leurs connaissances. C'est un parcours de vie que l'on choisit. La magie ne repose sur aucun principe religieux ou sectaire, mais nécessite un apprentissage par initiation. Pas d'églises, mais la nature toute entière comme lieu de célébration. Il n'y a pas non plus d'évangile, mais un livre des Ombres propre à chacune, sorte de grimoire d'expériences et de recettes personnelles. Par leur liberté d'être, les magiciens et magiciennes interrogent la nôtre.

•••

Oui, la magie, c'est bien « l'âme qui agit »,
à travers nous, au-delà de notre égo et de ses peurs,
lorsque tout à coup, on se laisse emporter par
la foi que l'ordre de l'univers n'est pas dû au hasard,
par un « peut-être » qui va au-delà de nous,
que l'on appelle la Source, le Plan, la Vie,
que l'on appelle Dieu ou la Déesse.

Odile Chabrillac,
Âme de sorcière ou la magie du féminin

Initiation

Venant du latin *initium* qui signifie le « commencement », le « fondement », l'initiation est le processus par lequel l'être humain est mis en contact avec les secrets de l'univers et accède à la science des vérités supérieures. L'initiation est de ce point de vue comparable à un voyage de l'âme et elle tend à une nouvelle naissance psychique et spirituelle. S'initier, c'est commencer à parcourir le chemin... en pratiquant et en expérimentant des choses que l'on ne comprendra bien souvent pleinement que plus tard.

Dans la plupart des pratiques énergétiques, par exemple, l'initiation agit comme un accordage. L'énergie de la personne initiée se met sur la même longueur d'onde que celle des symboles par l'intermédiaire d'un·e intercesseur·euse divin·e ou humain·e.

En tant que descendantes de la Grande Déesse, les femmes détiennent une puissance exceptionnelle (et non un pouvoir) dont l'énergie est bloquée par des millénaires de persécution. Tour à tour infériorisées puis enfermées dans le stéréotype de la femme moderne active, coupées de leurs besoins et de leur sagesse, les femmes ont appris à se saboter et sont désormais coupées de leur spiritualité innée depuis trop longtemps.

La figure de la sorcière commence sa lente réhabilitation dans les années 1960 aux États-Unis quand les féministes s'emparent du sujet. Car la sorcière est une femme libre, souvent à la marge, intransigeante et ne négociant pas avec sa nature profonde.

C. L'Alchimie Blanche

L'alchimie permet une transformation de la réalité sur différents plans : matériel, énergétique, psychique et spirituel. Il y a mille façons de la pratiquer.

De l'alchimie des métaux, – la voie sèche –, découlent le travail des vitraux, des émaux, des céramiques... De l'alchimie des herbes, – la voie humide –, découlent l'alchimie des alcools, des filtres, des potions... Ces voies alchimiques sont dites « opératives » parce qu'elles se mettent en place dans des laboratoires, avec des matières premières et des outils. C'est une alchimie artisanale, pratique, manuelle, qui tend à devenir de l'art quand elle se transcende. De cette transcendance de la matière vers un objet symbolique naît une pensée spéculative, pleine de métaphores et d'images.

Art et artisanat

Jusqu'à la fin du XIXe siècle, l'artiste et l'artisan·ne ne se distinguent pas véritablement l'un de l'autre. La raison principale de cette confusion tient à ce que, dans un cas comme dans l'autre, il y a un·e mécène qui passe commande.

À partir du moment où l'artisan·ne décide de ne plus mettre sa main au service d'un autre regard que le sien, il·elle devient artiste.

En ceci, l'artiste tout comme l'alchimiste, est celui·elle qui s'émancipe. L'un·e s'émancipe du dogme en décidant d'être porteur·euse de sa propre rédemption, l'autre de son·a mécène en décidant d'écouter sa nécessité intérieure pour créer.

C'est pourquoi le Grand Œuvre est un art et l'alchimiste un·e artiste.

Avec la pensée psychanalytique de Jung apparaît l'idée d'une alchimie de l'âme, une alchimie plus spéculative et moins opérative. Elle n'est pas opposée à l'alchimie opérative des métaux et des herbes, mais elle s'agence différemment. Avec Jung, on accède à l'alchimie d'abord par le symbole, par la pensée. Elle ne devient opérative, lorsqu'elle y parvient, que dans un second temps : lorsque l'expérimentateur·rice ancre dans sa vie son travail intérieur. Contrairement à l'alchimiste opérative, le·a psychanalyste n'est pas un·e artisan·e, il·elle ne fabrique ni ne transforme avec ses mains.

L'Alchimie Blanche a pour porte d'entrée les mains. La peinture de Blan et l'approche énergétique de Fabienne ont en commun qu'elles ne peuvent se pratiquer sans les mains. Il y a là quelque chose de très opératif, de très pragmatique, de presque concret. Presque… car la finalité de ce travail avec les mains n'est pas la construction ou la réalisation d'un objet, mais la réalisation de l'être.

L'Alchimie Blanche est donc une alchimie opérative (qui fabrique) et spéculative (qui s'élabore intellectuellement) en laboratoire (dans l'atelier ou le cabinet).

Nos mains sont au service de l'accouchement de soi, du symbolique, ce sont donc des mains magiques. Et des mains de femmes. Ce qui finalement, comme nous l'avons vu, n'a rien de nouveau dans l'histoire de l'alchimie, mais qui a le mérite de pouvoir se revendiquer aujourd'hui.

Pourquoi qualifier notre alchimie de « blanche » ?

Le blanc est une couleur très particulière. Nous aurons largement l'occasion d'y revenir dans le chapitre 3, relatif à la Licorne. De cette phase blanche, retenons pour l'instant ce qu'elle a de spécifique : après un travail de nettoyage émotionnel, elle permet de remettre l'être humain sur son axe terre-ciel. Ainsi correctement relié·e à ces deux pôles, chacun·e peut se rappeler qu'il·elle est un être spirituel momentanément incarné·e dans la matière (et non l'inverse).

Ce canal entre terre et ciel est aussi celui par lequel descendent les informations de notre conscience supérieure vers notre mental. C'est par lui que nous parviennent les fulgurances, les intuitions qui prennent une place primordiale dans notre approche.

Les informations ainsi obtenues vont nous servir de fils conducteurs et de guides pour accompagner le travail alchimique, le nôtre et celui de ceux·elles que nous accompagnons.

L'étape du blanc est notre porte d'entrée mais il est aussi un éclairage déterminant pour tout le travail que nous vous proposons d'accomplir.

L'alchimie spirituelle

L'alchimie spirituelle est une pratique spéculative de nature ésotérique (dont la définition est « qui se transmet seulement à des adeptes reconnu·e·s compétent·e·s par un processus initiatique »). C'est l'accomplissement d'un chemin personnel vers la connaissance de soi afin de renaître dans une version plus réalisée de soi-même.

La spécificité d'un Grand Œuvre en quatre étapes

Nous avons choisi de dérouler notre Grand Œuvre sur quatre étapes en y associant l'œuvre au jaune entre le blanc et le rouge.

Si l'œuvre au jaune a été particulièrement traitée par Jung, elle reste celle sur laquelle il y a le moins d'écrits. Pour Jung, elle marque le processus d'individuation.

L'Individuation

L'individuation est un concept clé dans la psychologie analytique de Jung. Il désigne le processus par lequel l'individu·e réalise pleinement son potentiel et devient une version authentique de lui·elle-même. Pour Jung, ce cheminement vers l'épanouissement personnel où les différentes parties de la psyché (conscient, inconscient, ombre, anima-animus) s'harmonisent pour former un tout équilibré. Il existe des étapes-clés dans le processus d'individuation :

- La prise de conscience de son ombre : l'individu·e prend conscience et reconnaît les aspects refoulés de sa personnalité (son ombre) qui constituent des traits ou des pulsions jugées négatives ou inacceptables.
- La rencontre avec l'anima ou l'animus : ce sont les figures symboliques représentant l'aspect féminin et l'aspect masculin dans une personnalité. Leur intégration permet une connexion plus profonde avec l'inconscient.
- L'union du conscient et de l'inconscient : l'individu·e apprend à reconnaître les symboles et les messages de l'inconscient (souvent

dans ses rêves) en développant un dialogue intérieur entre les différentes parties de son être.

- L'épanouissement du Soi : le Soi chez Jung représente l'unité de la personnalité, un état où l'individu·e ne se laisse plus dominer ni par son ego ni par ses instincts inconscients, mais atteint une harmonie entre toutes les dimensions de sa psyché.

Lors des phases noires et blanches, le travail s'effectue sous la terre. Avec l'œuvre au jaune, il faut sortir de l'ombre, ou sortir de son ombre, pour se préparer à recevoir la lumière. Mais on ne passe pas si facilement de l'ombre à la lumière. L'étape du jaune aide considérablement à répondre à ce défi sans se brûler les ailes, en nous obligeant à faire un travail de conscientisation.

L'œuvre au jaune revêt en Alchimie Blanche une importance très particulière qui en signe la spécificité. Son animal totem est un Sphinx qui couve un Œuf, ancré au sol, les ailes au repos. Tout comme la Licorne, c'est un animal mythique, chimérique, sans réalité zoologique.

Lorsque les polarités masculines et féminines (on développera ces deux notions un peu plus loin dans le livre) s'accordent en nous pour nous permettre de nous réunifier, on dit en alchimie qu'il y a mariage du roi et de la reine. De ce mariage interne naît un Œuf qui donnera naissance au Phénix : l'être réalisé.

CHAPITRE 3

Les quatre épreuves du Grand Œuvre

A. L'œuvre du Corbeau : le noir

> Nul ne peut atteindre l'aube
> sans passer par la nuit.
>
> **Khalil Gibran, *Le Sable et l'Écume***

Objectif : avancer dans le noir pour accéder à ma matière première

La *materia prima* (matière première) est ce qu'obtient l'alchimiste qui travaille sur la voie des métaux, au fond de son creuset à la fin de l'œuvre au noir. Il s'agit en réalité d'une matière qui a été détruite à tel point qu'aucune autre opération (broyage ou calcination...) ne pourra la faire varier.

La *materia prima* est cette part de nous que rien ne pourra jamais détruire. Elle est à la fois l'ombre qui nous plombe (le plomb) et l'ensemble de nos potentialités (toutes les ressources dont nous disposons mais que nous ne savons pas encore utiliser). Dès lors, soit cette *materia prima* est une ressource sur laquelle nous pouvons compter, soit elle nous bloque parce qu'elle vous fait agir de façon inappropriée.

L'œuvre au noir vous invite à parler de ce qui vous fâche, vous bloque.

Si vous avez à travailler votre œuvre au noir, c'est que l'aspect concret, pratique, pragmatique de votre problème vous rebute, ou pire, vous semble insoluble. Concrètement, il vous faut mettre la main à la pâte, trouver avec quels outils vous devez avancer. Ces outils doivent être manuels, solides.

Si vous regardez tout de suite le haut de l'échelle, cela vous semble insurmontable. Commencer donc par trouver le premier barreau de l'échelle. Quel est-il ? Notez déjà ce qui vous semble réalisable. Cela ne peut pas résoudre le problème d'un coup mais vous pourrez commencer à le résoudre.

Idéalement, vous pouvez venir conscientiser votre guide dans nos ateliers. Mais ce livre vous propose déjà quelques propositions de mise en pratique.

Pourquoi le noir ?

Le noir est le seul pigment qui trouve son origine dans les trois règnes (quand la plupart des autres pigments ont pour origine le règne minéral). Noir d'ivoire, noir de vigne ou noir du charbon… il suffit d'en lire les noms sur les tubes de peinture.

Noir, c'est la couleur de tout ce qui est en germination sous terre, ce qui n'est pas encore visible mais déjà riche d'une formidable promesse de vie. Noir, c'est ce par quoi passe tout ce qui vit sur notre planète. Cette couleur est autant signe de vie que de mort, de début et de fin de toute chose, de décomposition et de recomposition.

C'est aussi la couleur du mystère, des voiles à lever pour accéder à la lumière. On peut avoir peur du noir mais on en a aussi besoin pour dormir, se réfugier, se cacher…

Le corbeau en alchimie

Sombre, très sombre est le corbeau, l'animal symbolique de l'œuvre noir. C'est un oiseau inquiétant et puissant.

Il représente la nuit, le mystère, la part d'ombre qui habite chacun·e de nous. Mais plus encore, il est le symbole de notre face cachée, ignorée : l'inconscient. Celle que l'on envisage avec réticence de peur d'y découvrir un inconnu au cœur même de notre intime.

Nul cependant ne peut se vanter de se connaître s'il n'a pas pris le risque de traverser cette étrange contrée blottie tout à l'intérieur. Elle est bien plus touchante et fertile que les croassements de l'animal ne le laissent supposer.

• • •

Quand tu regardes le côté obscur, méfie-toi...
car le côté obscur te regarde aussi.

Maître Yoda dans *Star Wars*

Activer la magie du Corbeau

Élément : Terre – Énergie corporelle – Matérialité

Le talon d'Achille du·de la porteur·euse de la magie du Corbeau

Ce·tte magicien·ne a un rapport préférentiel à la terre, le ciel n'est pas vraiment sa préoccupation. Il·elle gagne à travailler sa connexion au divin en méditant. Il·elle peut vite se retrouver débordé·e par ce qu'il·elle a à faire, pour lui·elle-même, mais surtout pour les autres. Il·elle oublie de se recentrer comme il·elle oublie de poser ses questions à l'univers. Il·elle est tellement obsédé·e par la terre, qu'il·elle omet même parfois de planter des graines. Sa terre est très fertile mais rien ne poussera s'il·elle n'a pas pensé à semer. Il·elle peut passer sa vie à stocker des graines sans profiter des bienfaits de leur germination.

Il·elle peut avoir tendance à pas se laisser suffisamment inspirer par son intuition.

Le pouvoir du·de la porteur·euse de la magie du Corbeau

C'est un·e fabuleux·euse jardinier·ère !

Il·elle sait préparer la terre pour qu'elle soit fertile. Il·elle est doué·e pour nourrir un terrain, qu'il soit matériel ou immatériel. Il·elle a un rapport au temps particulier, car il·elle connaît intimement le rythme des saisons. Il·elle sait attendre le bon moment pour planter ou agir. Il·elle observe beaucoup son environnement pour porter son action au moment idéal.

L'énergie de ce·tte magicien·ne est pragmatique. Il·elle sait s'occuper de sa terre et des siens de manière concrète. Il·elle a des solutions, il·elle est dans la maîtrise du matériel... Il·elle sait fabriquer des baguettes magiques ! Il·elle n'a aucun souci à gagner sa vie et à satisfaire ses besoins.

Il·elle est rassurant·e et sécurisant·e. Il·elle sait calmer la peur des autres. C'est celui·elle qui a le moins de soucis avec la solitude. Plus encore, il·elle doit prendre en considération son besoin de disposer d'une grotte pour se ressourcer. Il·elle peut alors retourner œuvrer dans le monde une fois rechargé·e.

Ses dons inaliénables

Ce sont sa capacité de survie et son pouvoir de matérialisation. Il·elle est sécurisant·e. Il·elle sait construire un foyer, une carrière… Il·elle est fiable et efficace.

Les arcanes majeurs du tarot

Sur un plan historique, on situe l'origine du tarot en Italie du Nord au milieu du XVe siècle. Une adaptation de ce tarot italien apparaît en France au XVIIe siècle avec le fameux tarot de Jean Noblet issu du savoir initiatique des anciens maîtres cartiers (fabricants de cartes). Jusqu'au milieu du XXe siècle, le tarot est utilisé comme outil de voyance et de divination.

Le tarot symbolique ne prend ses lettres de noblesse qu'avec Alejandro Jodorowsky en 1990. Inspiré lui aussi par les travaux de Jung, il écrit *La Voie du tarot* qui donne des clefs pour comprendre le fameux adage : « Connais-toi toi-même et tu connaîtras l'univers et les dieux. »

Selon la tradition ésotérique, le tarot, tout comme l'alchimie, remonterait lui aussi à l'Égypte antique et serait le legs secret du dieu Thot à l'humanité. Encodée ensuite par les alchimistes dans la symbolique des arcanes majeurs, cette connaissance serait ainsi parvenue jusqu'à nous, ou du moins jusqu'aux initié·e·s méritant·e·s.

Débrancher le mental pour commencer

Au stade de l'œuvre au noir, il est nécessaire de débrancher le mental pour renoncer à comprendre et recevoir ainsi une information primordiale. Cette information se cache dans le noir, dans l'ombre, et nous manipule tant qu'on ne la conscientise pas.

Depuis notre plus tendre enfance, tous nos apprentissages s'appuient sur la notion de maîtrise. L'outil de la maîtrise, c'est notre main lorsqu'elle est au service du mental. Il a fallu pendant longtemps n'être (naître) que droitier, puis apprendre à former de petites lettres sur une ligne droite, répondre aux exigences de règles d'orthographe, de grammaire, de syntaxe... Autant de critères nécessaires à l'intégration de chacun·e dans la société, mais qui nous coupe aussi de cette information indispensable à notre éveil.

Débrancher le mental, c'est renoncer à maîtriser pour mieux sentir, ressentir, recevoir, percevoir. Le Corbeau peut nous y aider en nous invitant à entrer dans le noir.

Mais que cherchons-nous à maîtriser ?

Le Larousse parle du lâcher-prise comme d' « un moyen de libération psychologique consistant à se détacher du désir de maîtrise. »

En premier lieu nous voulons souvent maîtriser notre personnalité pour n'en laisser paraître que les zones de lumière et nier que nous sommes également vivant·e·s dans nos parts d'ombre. Celles-ci sont riches de toutes ces émotions qui nous font peur ou honte : la colère, la rage, la tristesse, la vulnérabilité, la culpabilité...

En agissant ainsi, nous entrons en résistance vis-à-vis de nous-mêmes dans un schéma de vie épuisant. Soit on s'éparpille en ne parvenant pas à construire un schéma de vie cohérent, soit on se rigidifie dans des modes de fonctionnement rassurants, mais répétitifs et sclérosants.

Celui qui coince dans tout ça : c'est l'ego. La plupart d'entre nous croyons que cet aspect de nous en est la totalité. En fait, l'ego est juste le cocher de notre attelage intérieur. Cet attelage est également composé d'un carrosse (notre corps), de chevaux (nos émotions) et d'un passager (notre âme). Une personne qui vit sous contrôle est une cocotte-minute qui va soit exploser, soit imploser.

Lorsque se présente l'étape de l'œuvre au noir dans nos vies, c'est que l'ego a un fonctionnement, une croyance, un automatisme à lâcher quelque chose qu'il fait depuis toujours et qui n'est plus nécessaire.

Attention, il ne s'agit pas de se débarrasser de l'ego (un cheval, ça permet de rentrer à l'écurie tous les soirs) mais bien de lui montrer d'autres routes, en acceptant le risque de se perdre.

C'est étonnant de voir à quel point on a peur de se perdre dans le noir...

Mais comment lâcher prise ?

D'abord, en se faisant aider. Si on cherche à le faire seul·e, c'est l'ego qui prend les commandes. Et lui, il n'a qu'un objectif : la sécurité et la survie. Il appliquera ses recettes habituelles, mais obsolètes la plupart du temps, parce qu'il est plein de croyances limitantes.

Lâcher prise, c'est physique aussi. C'est le mouvement qui apporte le changement. Ça passe par la respiration, l'écoute et les émotions

Il y a un moment où il faut y aller, même si on ne comprend pas, il faut avoir confiance dans le processus en cours.

Un outil psychomagique pour lâcher-prise

La façon la plus simple d'entrer dans le noir, c'est encore de fermer les yeux.

Nous allons vous proposer de dessiner les yeux fermés. Souvent, ça commence par être désagréable parce qu'on voudrait maîtriser son dessin, le « réussir », surtout lorsque l'on doute de savoir dessiner.

Il y a là quelque chose à lâcher, à oublier (le résultat ?), au profit de l'instant, des sensations, du bruit du crayon sur la feuille, de la texture de la feuille, du silence de la pièce...

Lorsque vous êtes pleinement dans cet instant, accueillez les sensations corporelles et émotionnelle. Et dessinez un gribouillis en restant en contact avec ces sensations. C'est l'affaire de quelques secondes, pas plus.

Ouvrez les yeux pour regarder ce gribouillis attentivement.

Il s'agit maintenant de chercher dedans ce qui s'y cache : une forme, un sujet, un objet... Lorsqu'il vous devient évident, vous pouvez, avec un crayon de couleur, en tracer les contours, comme pour le révéler.

Cette forme est celle que revêt ici et maintenant votre Corbeau. Gardez ce dessin visible pour le reste de la journée et tentez de totalement l'accepter pour ce qu'il est. Apprivoisez-le pour en faire un allier. Il possède une qualité dont vous avez besoin. Quelle est-elle ? Que sait-il bien faire qui vous serait utile aujourd'hui ?

Voyage pour rencontrer son Corbeau

Voici la méditation guidée pour apprendre à développer cette magie.

L'ancrage ou – enracinement – est la capacité à se connecter à l'énergie de la terre et à se sentir appartenir à cette planète pour y prendre sa place en toute sérénité. Un bon ancrage permet de traverser les épreuves de la vie en toute sécurité. Plus vous vous sentirez serein·e, plus vous vous autoriserez à explorer loin.

Nous vous conseillons de vous enregistrer au préalable.

Asseyez-vous confortablement, les pieds bien posés sur le sol, pieds nus de préférence.

Fermez les yeux et concentrez-vous sur la plante de vos pieds.

De chacun de vos pieds, faites pousser de belles racines bien brunes et laissez-les s'enfoncer profondément dans le sol.

Puis visualisez vos racines qui s'étendent et deviennent de plus en plus grosses, de plus en plus nombreuses, de plus en plus profondes... jusqu'à atteindre une ancre au centre de la terre.

Avec une profonde inspiration, laissez venir à vous tous les nutriments de la terre récupérés par vos racines, toute cette énergie nourricière fournie par notre Terre Mère, puis laissez cette énergie remonter doucement dans vos racines, la plante de vos pieds, vos chevilles, vos mollets, vos genoux, vos cuisses, votre bassin, votre ventre, votre colonne vertébrale, votre poitrine, votre cou et votre nuque, toute votre tête...

Avec une profonde expiration, utilisez toute cette bonne énergie, cette force nouvelle que vous venez d'acquérir, pour étendre vos racines encore plus loin, encore plus nombreuses, encore plus fortes... vos racines s'étendent, de nombreuses radicelles se créent et vos racines englobent maintenant un large territoire.

De nouveau, inspirez profondément cette énergie régénératrice et laissez-la remonter dans votre corps entier : vos racines, la plante de vos pieds, vos pieds, vos chevilles, vos mollets, vos genoux, vos cuisses, votre bassin, votre ventre, votre colonne vertébrale, votre poitrine, votre cou, votre nuque, votre tête... Elle remonte dans vos veines et vos artères, à l'intérieur même de vos os, elle irrigue tous vos organes... Vous vous sentez vivifié·e.

Encore une fois, à l'expiration, laissez vos racines s'étendre toujours plus loin, plus profondes, plus nombreuses, plus fortes : elles entourent maintenant la terre entière ! Et puisez dans cette terre la sève nourricière qui vous fournit toute votre énergie, le calme, la sérénité, la confiance, la force dont vous avez besoin. Vous ne faites qu'un avec la terre.

Au centre de votre terre, imaginez que vous allez inscrire sur votre ancre les mots suivants en lettres d'or : « Je suis serein·e et en sécurité, ici et maintenant. »

Puis inspirez à nouveau profondément l'énergie de la terre et ce message à partir de vos racines. Laissez-les remonter à nouveau le long de vos jambes puis dans votre bassin, le long de votre dos, dans votre poitrine, puis dans votre cou et jusqu'en haut de votre tête.

À l'expiration, vous remettez votre attention dans vos racines et votre intention au centre de votre Terre.

Faites quelques aller-retours en suivant le rythme de votre inspiration et de votre expiration.

Quand vous êtes prêt·e·s, vous pouvez ouvrir les yeux et sentir l'énergie circuler dans tout votre corps, en gardant vos racines bien présentes à votre esprit.

Comment vous sentez-vous ? Quelles sont les sensations qui vous ont traversé·e pendant cette méditation ?

Cette méditation peut être répétée tous les jours lorsque vous vous sentez flottant pour travailler à mieux vous ancrer dans votre vie.

Pour travailler plus finement encore sur cette épreuve du noir, nous vous invitons aussi à lire, chapitre 4, les passages dont elle est porteuse pour vous permettre de poursuivre votre route vers l'œuvre au blanc.

B. L'œuvre de la Licorne : le blanc

•••

Vous ne pouvez avoir confiance qu'en vous,
fiez-vous à vos forces !

Gandalf le magicien
dans *Le Seigneur des anneaux*

Objectif : nettoyer les blocages émotionnels pour laisser passer l'énergie

L'œuvre au blanc est le moment où l'alchimiste qui travaille sur la voie des métaux, partant de la *materia prima* au fond de son creuset, engage un travail de purification par l'eau. L'idée est, dans un premier temps, de purifier cette matière pour, ensuite, la rectifier (à entendre : la « rendre droite »). C'est une réorganisation de la matière pour construire un canal entre le bas et le haut, dans l'idée que la lumière puisse y entrer ultérieurement.

Il faut donc que l'intimité de ce canal soit le plus lisse, le moins chargé à l'intérieur.

Si vous avez à travailler votre œuvre au blanc, c'est que votre lien terre-ciel est obstrué par des contrariétés, des croyances, des émotions qui empêchent l'eau de circuler librement à l'intérieur. Concrètement, il vous faut faire la part des choses entre ce que vous vivez et les émotions qui se bousculent en vous, distinguer le côté factuel des événements qui vous préoccupent, des émotions que ça provoque en vous. Il s'agit de nettoyer votre canal de toutes les émotions qui l'obstruent.

Dès lors, votre œuvre au blanc parle de ce qui bouche encore votre canal.

Pourquoi le blanc ?

Le blanc alchimique

Tout enfant en fait un jour l'expérience : si, pour peindre un coquelicot rouge clair, il met du blanc, son coquelicot ne sera pas rouge, il sera rose. Rose est une couleur. Rouge clair est une lumière qui a traversé une couleur.

Mais l'enfant n'a pas vraiment tort de prendre du blanc pour avoir de la lumière. Ce qui lui manque pour ne pas tout confondre, c'est la conscience des deux natures du blanc.

Contrairement à certaines idées reçues, le blanc est bien une couleur. Il modifie, en l'opacifiant, n'importe quelle autre teinte et peut même ainsi en créer une nouvelle. Le rose ou le mauve en sont des exemples.

Mais il a une seconde nature, très particulière, qui le distingue de toutes les autres couleurs. Il est aussi « le porteur de lumière ». Il éclaire, illumine toutes les autres couleurs, y compris lui-même (n'avez-vous jamais vu un sol blanc couvert de taches de lumière à la faveur d'un rayon de soleil filtré par les branches des arbres ?).

Le blanc et le noir

D'où vient ce mythe selon lequel le noir et le blanc ne seraient pas des couleurs ? De la physique et de l'expérience de la décomposition de la lumière par un prisme. Mais il en va tout autrement sur la palette d'un·e peintre ! Lorsqu'elles sortent du tube, ces deux couleurs, comme n'importe quelle autre, sont des pigments et, à ce titre, modifient les couleurs avec lesquelles elles interagissent. Le blanc n'illumine pas et le noir n'obscurcit pas. Toute personne qui en fait l'expérience vous le dira : le blanc opacifie et le noir, disons-le simplement et sans jugement, salit.

Il est vrai cependant que ces deux couleurs sont très particulières en ceci qu'elles ne sont pas seulement des teintes, elles sont aussi « porteuses de lumière ». C'est là que ça se complique ! Pour le blanc, nous en parlons dans ce chapitre consacré à la Licorne. Pour le noir, nous vous invitons à aller admirer avec enthousiasme et curiosité les tableaux de Pierre Soulage. À voir « en vrai » et non pas sur Internet, car la lumière est une expérience transcendantale que l'écran de l'ordinateur ne vous restituera pas sans y ajouter sa propre lumière électrique. Au musée donc, Musée Soulage de Rodez, par exemple ! Belle découverte à vous.

Le blanc lumière

La nature lumineuse du blanc sera au service de l'une des grandes quêtes de la peinture occidentale : comment représenter l'Esprit Saint ? Comment représenter ce qui n'est ni une matière, ni une couleur ? Comment rendre compte de l'indicible ?

L'Esprit Saint

Dans notre culture occidentale chrétienne, l'Esprit Saint est l'expression transcendantale dans le monde matériel de l'existence de Dieu. Toute la doctrine catholique repose dessus, puisque ce serait lui qui aurait fécondé la Vierge Marie, donnant ainsi naissance à un sauveur, Jésus. De tout temps, il a été vital pour l'Église de le faire comprendre à ses fidèles avec insistance.

L'Art occidental ayant fonctionné pendant des siècles grâce au mécénat religieux, l'artiste sera très vite confronté à cette difficulté, exigée par son principal mécène, consistant à représenter ce qui n'a ni matière, ni volume, ni couleur. Représenter l'impalpable, le mystère, est donc devenu une quête à laquelle les artistes pendant des siècles ont tenté de répondre. Cette quête dépasse de loin le dogme catholique. Elle rejoint en fait la quête alchimique pour laquelle la lumière est la Connaissance et où la notion d'un Dieu créateur est absolument centrale. Si dogme et spiritualité s'affrontent historiquement, l'Esprit Saint demeure...

Pour la plupart des artistes, comme le peintre italien Botticelli dans son *Annonciation* (1490-1493), l'Esprit Saint s'illustre sous la forme d'une colombe blanche de laquelle un rayon lumineux, une sorte de trait clair semi-transparent, traverse la composition du tableau pour atteindre la Vierge. Un trait, un axe, un tube, quelque chose de droit qui ne dévie pas.

Pour l'alchimiste, ce mystère prend la forme symbolique de la corne d'un animal réputé pour sa pureté, la Licorne.

L'œuvre au blanc c'est donc l'étape où le blanc est porteur de lumière et non plus porteur de couleur. Pour qu'il en soit ainsi, l'alchimiste va chercher à construire en lui (autant que dans son creuset) un canal droit, aux parois lisses et réfléchissantes. Il lui faudra réagencer, rectifier (au sens de rendre droit) la *materia prima* obtenue à la fin de l'œuvre au noir, pour mettre cette matière première au service de la réception d'un message à venir.

•••

L'ombre ne peut combattre l'ombre,
seule la lumière peut le faire.

Martin Luther King

Dans la démarche alchimique qui tend à transformer le plomb en l'or, l'œuvre au blanc est une étape charnière à la fin de laquelle l'alchimiste obtient, au fond de son creuset, de l'argent. Ce dernier a la propriété de réfléchir la lumière sans rien en prendre, contrairement au plomb, et sans en modifier les couleurs, contrairement aux métaux jaunes. C'est la raison pour laquelle, on l'utilise pour fabriquer les miroirs. Tel un tube argenté, la corne de la licorne est le canal miroitant par lequel la lumière pourra, par la suite, passer.

La Licorne en alchimie

On sait tous ce qu'est une licorne alors que nous n'en avons jamais vu. Longtemps les grands de ce monde en ont cherché et ont payé à prix d'or la corne pour orner leurs cabinets de curiosités. En réalité, il s'agissait de cornes de narval, cette « licorne » des mers qui possédait une longue dent sur le front. Il est entendu aujourd'hui que les licornes n'existent pas... C'est un animal chimérique, connu de tous, mais sans réalité zoologique.

Certains vous diront alors qu'il en va de la Licorne comme de l'âme : « Ça n'existe pas. » Les légendes sont-elles des histoires légères et divertissantes ou les archives de vérités que la science seule ne peut vérifier ?

En raison de sa corne droite et de son pelage blanc, la Licorne est l'animal emblématique de l'œuvre au blanc.

Connaissez-vous les tapisseries de *La Dame à la licorne* du musée de Cluny ? C'est un ensemble très énigmatique de six panneaux du datant début du XVe siècle , que l'on croit pouvoir interpréter comme une illustration des cinq sens (ouïe, odorat, vue, toucher, goût). Le sixième panneau a fait couler beaucoup d'encre sans que personne n'ait pu vraiment attester de son message symbolique. Dans chacun d'entre eux, une dame très belle au milieu d'un jardin fleuri est accompagnée d'une licorne. Comme à travers un miroir, la dame et la licorne sont le pendant l'une de l'autre. Elles ont en commun la pureté, la grâce et le raffinement. Mais surtout, elles sont les deux faces d'un seul et même être : la face incarnée pour la dame et la facette de l'âme pour la licorne. La Licorne serait donc l'expression symbolique de notre Essence.

Activer la magie de la Licorne

Élément : Eau – Énergie émotionnelle – Union des polarités

Son talon d'Achille

Si la Licorne a un rapport privilégié à l'eau, elle peut souvent se bloquer sur la terre ferme, avoir du mal à s'incarner pleinement, à vivre la matérialité sereinement. Elle a un rapport à la forme tout à fait singulier et peut avoir besoin d'un contenant pour exister. Ce contenant sera une autre personne et/ou un cadre normé pour la sécuriser mais qui l'empêche aussi de trouver par elle-même sa propre forme.

Si vous avez besoin de travailler sur votre Licorne, c'est que vous êtes en recherche d'un environnement sécurisant et que la peur vous rend vulnérable dans votre relation aux autres.

D'autre part, les tenants et aboutissants du monde matériel peuvent vite vous échapper tant vous trouvez cela souvent trivial...

Les pouvoirs du·de la porteur·euse de la magie de la Licorne :

C'est un·e médium inspirant·e !

Ses pensées et son action sont directement en lien avec l'énergie de l'eau. Dès sa plus tendre enfance, il·elle perçoit l'indicible. Comme l'eau qui diffuse les informations par ondes, il·elle agit sur son environnement tout en recevant des vibrations.

L'eau est son élément. Tout comme elle, il·elle peut s'adapter au contenant, en prendre la forme. Mais, comme l'eau peut creuser la roche, modifier le paysage, il·elle peut aussi devenir créateur de forme. Tout dépendra de son degré de conscience...

Le·a magicien·ne de la Licorne dispose d'antennes qui lui permettent de capter le monde autour de lui·elle, de comprendre immédiatement tous les paramètres subtils et tangibles d'une situation. Les Licornes sont des ressources précieuses. Elles savent se caler sur les vibrations intérieures des autres pour les aider à franchir une étape ou une épreuve.

Le·a magicien·ne de la Licorne envisage les autres sur le plan émotionnel en permanence. Il·elle sait d'emblée comment il·elle·s se sentent, il·elle est empathique. Parce qu'il·elle est capable d'anticiper ce qui va advenir émotionnellement quelques temps avant les autres, il·elle est compétent·e pour prendre les autres en charge et pour les soulager du poids de leurs émotions.

Ce·tte magicien·ne a la capacité de transmuter les informations. Chaque évènement que perçoit le·a magicien·ne de la Licorne est comme un caillou tombé dans l'eau avec ses cercles concentriques. Il·elle les perçoit presque malgré lui·elle aussi longtemps que les ondes continuent à se propager. C'est un·e sensitif·ive clairvoyant·e.

Les Licornes sont inspirantes car elles inventent et montrent de nouvelles voies, toujours un peu décalées. Elles invitent à s'égarer sur des chemins imprévus et originaux, comme l'eau peut passer par des endroits improbables pour parvenir à ses fins.

Les licornes éveillent les sens et révèlent notre essence

Ses dons inaliénables

Il·elle sait instinctivement percevoir l'énergie des personnes et des lieux. Certaines personnes porteuses de la magie de la Licorne possèdent un pouvoir de divination. Il·elle sait remettre l'autre dans sa vibration vitale, le ré-accorder à son essence.

Il·elle est très créatif·ive et plein·e de fantaisie. Sa pensée est métaphorique. Il·elle est curieux·euse pour ce qu'il·elle ne connaît pas encore.

Les émotions : scories du canal de la Licorne

Le mot « émotion » vient du latin *movere* qui signifie « se mettre en mouvement ». Le Larousse nous apprend par ailleurs qu'il s'agit d'une réaction affective transitoire d'assez grande intensité, habituellement provoquée par une stimulation venue de l'environnement. Une émotion est donc une invitation à agir, à se mettre en mouvement.

Les émotions primaires sont au nombre de sept : la joie, la colère, la peur, la tristesse, la surprise, le dégoût et la honte.

Innées, elles appartiennent à notre mémoire archaïque, et sont générées automatiquement dans les parties les plus primitives de notre cerveau. Elles nous rappellent constamment à notre nature animale. Par exemple, la peur est une réaction d'anticipation qui nous signale un danger, la colère est une réaction de protection qui nous avertit qu'une de nos limites a été franchie. La joie est une réaction d'ouverture à soi et au monde qui procure une sensation d'épanouissement.

Elles ne durent la plupart du temps que quelques minutes et ont des effets somatiques : fatigue, douleur, tension musculaire, troubles respiratoires, accélération du rythme cardiaque ou atonie.

On dépense beaucoup d'énergie à tenter de bloquer une émotion dite négative ou à essayer de la neutraliser. Or, c'est mission impossible ! Si le déni des émotions protège la personnalité construite dans un équilibre tout à fait relatif, il nous coupe par ailleurs de notre puissance personnelle. En effet, il ne permet pas de s'ajuster de manière créative à notre environnement mais vise le maintien des structures en place.

Il faut donc se laisser traverser par l'émotion et tenter autant que possible de l'identifier. Il faut apprendre à s'en servir comme point de repère et comme information essentielle pour alimenter notre boussole personnelle. On devrait dire « je suis traversé·e par une colère » plutôt que « je suis en colère ». Et surtout, chercher à comprendre ce qui se passe en nous qui déclenche cette émotion, afin d'envisager de faire différemment.

Le travail de la Licorne consiste donc à rendre autant que possible notre canal entre le ciel et la terre le plus lisse possible pour permettre aux émotions de nous traverser sans que nous nous y identifiions.

Certaines émotions tendent cependant à boucher ce canal. Ce sont ce que nous appelons « les scories », des émotions parasites qui restent coincées et dont il est très difficile de se débarrasse. C'est là où envisager un travail de psychothérapie peut éventuellement être pertinent et aidant.

Un outil psychomagique pour déboucher son canal

L'outil le plus efficace pour déboucher un canal obstrué par des pensées négatives ou des émotions non-conscientisées, c'est l'eau. Il s'agit ici de nettoyer, de purifier, de ramener de la lumière.

Par ailleurs, le sel est utilisé dans beaucoup de cultures et de traditions comme un agent purificateur. On le jette par-dessus son épaule, on en dispose un pot dans un rangement pour en absorber l'humidité...

Fabienne, qui vous propose ce rituel, le tient d'une de ses enseignantes, une *curandera* (femme-médecine) de la tribu mexicaine des Purépechas.

Lorsque vous prenez votre douche, munissez-vous d'un récipient dans lequel vous avez jeté trois pincées de gros sel de cuisine. Remplissez ce récipient avec l'eau de votre douche. Quand le sel est dilué, levez le récipient au-dessus de votre tête, le plus haut possible. Imaginez que votre bol se connecte à la lumière la plus brillante et la plus pure.

Puis, renversez l'eau sur votre tête ou sur votre poitrine en déclarant : « Je suis nettoyé·e de tout ce qui n'est pas nécessaire à mon bien-être physique, émotionnel, mental et spirituel, ici et maintenant, dans tous les temps et dans toutes les directions. Merci. »

Poursuivez votre douche normalement.

Répétez ce rituel neuf jours de suite. Vous pouvez l'exercer à chaque fois que vous en éprouvez le besoin.

Voyage pour rencontrer sa Licorne

Cette méditation va vous aider à rectifier votre canal intérieur.

Il s'agit de prendre conscience, avec l'eau, du lien entre la terre et le ciel. Dans le texte ci-après, nous vous proposons de commencer par vous connecter au ciel et ensuite de vous ancrer dans la terre. Cela vous aidera à diriger vers la matière.

Debout, visualisez et/ou ressentez une boule de lumière blanche de 50 centimètres de diamètre à quelques centimètres au-dessus de votre tête. Elle représente votre connexion au ciel. Levez les mains, paumes vers le ciel, et imaginez que vous mettez les mains autour de cette boule.

1. Déclarez : « Je demande l'autorisation et je m'autorise à me connecter à l'énergie du Ciel pour toute la journée. ». Essayez de percevoir une sensation de chaud dans vos mains.

2. Dirigez ensuite les paumes de vos mains vers le sol et visualisez une autre boule de lumière de même taille, à quelques centimètres sous la plante de vos pieds. Elle représente votre connexion à la terre.

3. Déclarez : « Je demande l'autorisation et je me donne l'autorisation de m'ancrer dans l'énergie du centre de ma terre pour toute la journée. » Essayez de percevoir une sensation de chaud sous vos pieds.

4. Imaginez, visualisez, sentez ou ressentez maintenant une pluie de lumière qui relierait ces deux sphères, entre votre connexion au ciel et votre ancrage dans la terre. Laissez cette colonne d'eau pure couler le long de votre colonne vertébrale. Prenez conscience de vos deux connexions et de votre place entre les deux. Imaginez cette énergie et cette eau circuler, de bas en haut, puis de haut en bas, et observez la manière dont cela fonctionne pour vous. À quelle matière vous reliez-vous le plus facilement ? La matière céleste ou la matière terrestre ?

5. Tentez de les équilibrer visuellement et physiquement. Essayez d'avoir la même sensation dans les deux mains en utilisant votre conscience pour rétablir l'équilibre.

6. Ramenez maintenant votre conscience au niveau de votre plexus solaire. À partir de votre plexus, le centre de votre pouvoir personnel, levez une main, paume ouverte, vers votre connexion au ciel et tendez votre autre main, paume vers le sol, vers votre connexion à la Terre.

7. Ainsi positionné·e, vous pouvez déclarer votre intention : « Connecté·e au ciel et ancré·e dans la terre... » Ramenez vos mains sur votre plexus et projetez-les devant vous en déclarant : « Je peux agir dans mon monde selon la vision de mon âme. »

Comment vous sentez-vous ? Quelles sont les sensations qui vous ont traversé·e pendant cette méditation ?

Pour travailler plus finement encore sur cette épreuve du blanc, nous vous invitons aussi à lire, chapitre 4 (p. 122), les passages dont elle est porteuse pour vous permettre de poursuivre votre route vers l'œuvre au jaune.

C. L'œuvre du Sphinx : le jaune

Bien sûr que cela se passe dans ta tête, Harry, mais pourquoi cela signifierait-il que ce n'est pas réel ?

Professeur Dumbledore, dans *Harry Potter et les Reliques de la Mort*

Objectif : retrouver son unité, se réconcilier avec soi-même

L'œuvre au jaune est le moment où l'alchimiste qui travaille sur la voie des métaux découvre dans son creuset un brusque changement d'état de la matière sur laquelle il travaille. Auparavant solide, elle devient gazeuse sans être passée par l'état liquide.

S'il l'a, certes, nettoyé avec de l'eau, elle n'était pas pour autant liquide, tout au plus humidifiée, et la voilà qui devient volatile.

L'aspect volatil de l'œuvre au jaune tient à l'élément qui le traverse : l'air. Plus insaisissable encore que l'eau, il est partout, indispensable mais invisible. On pourrait l'oublier, tant il est omniprésent.

Si vous avez à travailler votre œuvre au jaune, c'est que vous n'êtes pas tout à fait réconcilié·e avec vous-même. Il se peut que vous considériez encore qu'un·e autre doit vous compléter ou que c'est à vous de le·a compléter. L'œuvre au jaune vous invite à atteindre la complétude : une réconciliation interne qui aboutit à un amour inconditionnel de soi. il est en lien avec le regard que l'on porte sur soi.

L'œuvre au jaune est ambivalente : sa compréhension est complexe et nécessite toute votre attention.

Pourquoi le jaune ?

Le principe actif qui préside à cette œuvre est la sublimation. Il s'agit ici de passer définitivement d'un état à un autre.

Mais on peut aussi entendre dans « sublimation » le mot « sublime ». Sublime, divin... Ce qui était sourd et souterrain dans le petit œuvre explose en pleine lumière dans cette seconde partie du parcours alchimique. Une part de soi qui était restée dans l'ombre remonte à la lumière de la conscience et demande à être réintégrée pleinement. Cette étape peut être une révélation pour l'alchimiste-expérimentateur·rice.

Petit œuvre, grand œuvre et Grand Œuvre

Comme nous l'avons déjà largement abordé, le Grand Œuvre est un cheminement initiatique qui fait passer l'alchimiste par quatre étapes pour passer du plomb à l'or.

Ces quatre étapes se regroupent en deux grandes phases : le petit œuvre et le grand œuvre.

L'utilisation du même vocable « grand œuvre » pour désigner à la fois une partie et l'ensemble du processus, porte à confusion.

C'est pourquoi, nous avons opté pour l'utilisation de majuscules, lorsque nous parlons de l'intégralité du parcours alchimique (Grand Œuvre) et de minuscules pour parler de la seconde phase de ce parcours (grand œuvre).

Le petit œuvre est ce qui fait passer le métal du plomb à l'argent, avec l'œuvre au noir et l'œuvre au blanc.

Le grand œuvre est ce qui fait passer ce métal de l'argent à l'or, avec l'œuvre au jaune et l'œuvre au rouge.

Le Grand Œuvre désigne le passage du plomb à l'or en quatre étapes.

Jaune comme le souffre

Dans le grimoire de l'alchimiste, l'œuvre au jaune se nomme *citrinitas*. Un mot latin a donné le mot « citrine » en français, une pierre de couleur jaune. Cette couleur jaune qui désigne aussi un agrume bien connu, le citron.

Michel Pastoureau, historien médiéviste qui a publié une histoire des couleurs, parle du jaune comme d'une **couleur ambivalente** : une caractéristique visible dès le Moyen Âge et qui perdure encore aujourd'hui. D'un côté, le jaune est solaire ; il réchauffe, vivifie. Mais il est, d'autre part, la couleur de la bile amère, du soufre démoniaque et de la maladie.

Pour l'alchimiste, cette couleur jaune est surtout celle du soufre. La familiarité qu'il entretient avec cet élément participe d'ailleurs grandement de la réputation maléfique de l'alchimie. Ce qui pour lui est un symbole de lumière et de connaissance, est pour l'Église « sulfureux » en raison de son lien avec Lucifer, l'ange déchu.

Lucifer, le porteur de lumière

Dans la Bible, Lucifer est un archange déchu, et, selon certaines sources, le favori de Dieu. Cependant, il aurait trahi Dieu en voulant l'égaler et aurait été banni du Ciel pour sa rébellion. Il devient alors le symbole du désir, de la toute-puissance, de l'ambition et de l'orgueil. Dans la mythologie grecque, il s'appelle Prométhée, celui qui a donné le feu (source de lumière ou arme redoutable) aux hommes. Lucifer (ou Prométhée, il s'agit du même archétype) nous invite donc à regarder en nous ce qui nous effraie, ce qui nous dérange, ce qui nous choque. C'est un formidable révélateur de nos ombres les plus inavouables qu'il convient d'explorer pour ne pas se laisser manipuler par elles, notamment en projetant sur les autres notre reflet incommodant.

Refuser d'aller éclairer les facettes sombres de nous-mêmes, c'est se priver d'une incroyable puissance. La fausse humilité consiste en effet à ne pas reconnaître ses talents et ses ambitions légitimes. En définitive, le Sphinx nous invite à réintégrer et à aimer nos polarités moins lisses et moins politiquement correctes. Rappelons-nous que l'ombre n'est que de la lumière sur laquelle on a pas encore levé le voile.

Lucifer, ce porteur de lumière (*lux*, la lumière et *ferre*, porter en latin), diabolisé par l'Église – elle le renommera d'ailleurs Satan, l'incarnation du mal – sera malgré sa mauvaise réputation le compagnon de route indispensable de celui qui cherche la connaissance...

• • •

Je suis Lucifer, porteur de la lumière.
Mon don magnifique à l'humanité est l'absence
absolue de morale. Nul ne me limite.
Je transgresse toutes les lois.

Alexandro Jodorowsky,
extrait de *La Voie du Tarot*

Le Sphinx en alchimie

Le Grand Œuvre, s'il peut se décliner en quatre, sept ou neuf étapes, est consensuellement marqué par trois étapes principales : le noir, le blanc et le rouge. Les étapes intermédiaires restent, de ce fait, bien moins marquées et les symboles qui les illustrent deviennent moins évidents, plus complexes et peuvent être associés à des étapes différentes.

L'œuvre au jaune est donc la **phase de gestation du phénix**. Le sphinx couve et protège l'œuf en posant, éventuellement, des questions (dont la plus célèbre est sans doute celle posée à Œdipe par le Sphinx : « Il existe un animal qui le matin marche à quatre pattes, à midi à deux pattes, et sur trois pattes le soir. Qui est-ce ? Le réponse est l'Homme.»

Le questionnement, qui sollicite notre mental et ses capacités d'idéations, permet de passer du monde plus souterrain des émotions, des impressions, à la lumière de la conscience et du verbe.

Activer la magie du Sphinx

Élément : Air – Énergie intellectuelle

Son talon d'Achille

Le Sphinx a un rapport particulier à la corporalité. Il·elle est au sol et ne bouge pas. Son activité est davantage cérébrale que physique.

C'est un·e penseur·euse qui exprime sans cesse ses idées, à tort et à travers. Il·elle a besoin d'un environnement stimulant pour trouver du sens à son existence et continuer à vivre en bonne entente avec le monde et avec lui-même. Il·elle a tendance à émettre des jugements en permanence sur le monde et sur sa propre personne.

Cela le·a rend particulièrement sensible à la solitude. Il·elle a besoin de la présence d'autrui pour penser plus loin et se trouver aimable, être quelqu'un·e qu'on aime ou admire. Tel Sherlock Holmes qui a besoin de John Watson pour le seconder. Son jeu intellectuel est moins performant s'il·elle est solitaire.

Si vous avez à travailler votre Sphinx, c'est qu'une part de vous reste mésestimée, sous-estimée ou même ignorée. Le Sphinx vous invite à la solliciter pour retrouver votre unité. Il est question ici d'amour inconditionnel envers soi-même.

Le pouvoir du·de la porteur·euse de la magie du Sphinx

C'est un·e savant·e humaniste !

Il·elle est animé·e par une soif d'apprendre, de comprendre et de clarifier sans cesse. Il·elle s'intéresse à tout ce qui suscite son immense curiosité. Il·elle est comme équipé·e d'un ordinateur de bord intégré qui lui permet de saisir rapidement la situation dans son ensemble, les infinis détails qui la composent et de trouver le chemin vers la solution. Sa vivacité intellectuelle lui permet de modéliser aisément la complexité et de jongler avec les idées abstraites. Il·elle décrypte vite ce qui se joue et ce qui peut échapper dans un premier temps à la compréhension, voire à la conscience, des autres.

Telle la Roue de Fortune, son arcane de référence dans le tarot, le Sphinx sait faire tourner sa roue de manière pragmatique, soit vers des envolées analytiques géniales soit vers des conceptualisations plus concrètes. Ainsi, il·elle accompagne la transformation des autres en leur expliquant comment utiliser au mieux leurs dons. Il·elle est doué·e pour nommer à quoi servent les outils.

Le Sphinx comprend les cycles naturels et pense le lien entre les différents éléments, notamment la terre, l'eau, le feu. La baguette magique du Sphinx est faite d'air. Il·elle utilise toutes les informations qu'il·elle reçoit par ces différents canaux pour livrer une synthèse constructive sans fournir beaucoup d'efforts.

Les solutions aux problèmes les plus ardus semblent lui apparaître comme par magie, telles des évidences. En se servant de ce talent, il devient un catalyseur de transformations, la sienne comme celle des autres.

Ses dons inaliénables

Son « sabre-laser » intellectuel et son pouvoir de transformation pour passer à un plan de conscience supérieur.

Rencontrer sa partie manquante

Notre mémoire collective et archétypale a besoin d'être réactivée sur nos origines pour créer l'harmonie entre hommes et femmes, et en chacun·e de nous. En alchimie, cette union s'appelle les noces chymiques.

Les noces chymiques (ou mariage alchimique)

Ce terme symbolise en alchimie l'union des éléments opposés, souvent décrits comme le soleil (le principe masculin, le soufre) et la lune (le principe féminin, le mercure). Cette union symbolique est nécessaire pour créer la pierre philosophale. Les noces chymiques sont une métaphore de l'union de l'âme

> et du corps, de la matière et de l'esprit. Ce mariage alchimique a lieu au stade final du Grand Œuvre quand les dualités sont réconciliées pour conduire à la transcendance, grâce au travail effectué pendant l'œuvre au jaune.

Il s'agit, ni plus ni moins, d'aller à la rencontre, non plus de ses racines, non plus de son élan vers le ciel, mais de l'énergie qui alimente notre puissance personnelle.

De fait, notre énergie primordiale est constituée de deux parties qu'on nomme féminin et masculin sacrés. Ce sont les deux ailes de votre Sphinx et elles vous sont plus qu'indispensables pour permettre son envol. Prenons le temps de préciser ces notions pour vous permettre de bien les utiliser.

Des énergies archétypales et complémentaires

Nous les portons tou·te·s en nous.

Homme ou femme, indépendamment de la biologie, du genre, de l'identité ou de la sexualité, nous possédons tou·te·s ces deux énergies et avons le devoir de les équilibrer. Un homme pourra avoir à faire le chemin pour récupérer l'énergie de son masculin sacré comme une femme pourra avoir à intégrer son féminin sacré.

Pour Jung, redevenir complet·ète et accéder à ce qu'il nomme le Soi, nécessite que chacun·e doive aller à la rencontre de ses deux polarités pour parvenir à l'équilibre.

Le sacré implique la reconnaissance du divin en soi, en dehors de toutes références religieuses et sociétales. Ces énergies permettent une connexion intérieure au Soi et au Grand Tout. Individuellement et collectivement, le changement à l'œuvre repose sur l'équilibre de nos polarités.

Pour mettre au monde un enfant, une femme convoque les deux énergies sacrées en elle. Le féminin, pour recevoir la graine et la couver, le masculin, pour accoucher et matérialiser cet enfant sur terre.

• Le féminin sacré

De manière générale, le féminin sacré crée, rêve, conçoit et imagine le monde grâce à ses capacités d'intelligence émotionnelle, d'empathie et d'introspection.

Le féminin sacré incarne une série de forces profondes, liées à des qualités spirituelles et émotionnelles souvent associées à l'énergie yin. Voici les principales forces du féminin sacré : la réceptivité, l'intuition, la créativité, la compassion, la connexion avec la nature et ses cycles, la sagesse émotionnelle, la patience, l'endurance, la sensualité et le plaisir.

En résumé, les forces du féminin sacré se manifestent à travers des qualités d'ouverture, de sagesse intuitive, de compassion, de transformation et de créativité.

Cultiver ces forces permet à une personne de se reconnecter à sa nature profonde et de vivre en harmonie avec elle-même et le monde.

- **Le masculin sacré**

Le masculin sacré, de son côté, porte les idées du féminin dans la matière et l'aide à s'incarner. Pour ce faire, il représente une série de qualités et d'énergies qui sont souvent associées à l'action, à la force intérieure, à la structure et à la protection. Comme son pendant, le féminin sacré, il est complémentaire et essentiel à l'équilibre de la vie, de l'individu et des relations.

Les forces du masculin sacré sont celles de l'action, de la stabilité, de la protection et de la responsabilité. Elles incarnent une autorité bienveillante, une capacité à structurer et à manifester, ainsi qu'un engagement à vivre avec courage, sagesse et intégrité.

Cultiver ces qualités permet de créer un équilibre avec l'énergie du féminin sacré, favorisant un épanouissement global de l'être.

• • •

L'éveil du féminin et du masculin sacrés en nous est essentiel pour sortir des schémas anciens de domination et de soumission. En célébrant ces énergies, nous pouvons créer des relations basées sur le respect mutuel et l'amour inconditionnel.

Paule Salomon, *Le Couple intérieur*

• Éveiller ses énergies sacrées

Tous les grands mythes fondateurs racontent l'épopée d'un couple divin (principe masculin et féminin) qui crée le monde : Geb et Nout (la terre et le ciel chez les Égyptiens), Adam et Ève (tradition chrétienne), Shakti et Shiva (les amants divins de la tradition indienne), Gaïa et Ouranos (dans l'Antiquité romaine) ainsi que le couple alchimique du roi et de la reine... D'autres couples mythiques sont également nombreux à sillonner l'histoire collective: Isis et Osiris (Égypte ancienne), Jésus et Marie-Madeleine (tradition chrétienne), Brahma et Sarasvati (tradition indienne).

Toutes les civilisations évoquent l'unité primordiale suivie de l'exil d'un paradis perdu. Le souvenir de cette plénitude laisse en nous une trace douloureuse sous la forme d'une insatisfaction et d'une quête perpétuelle pour retrouver notre partie manquante. Nous courons après un·e autre qui nous compléterait au lieu de chercher à nous sentir complet·ète intérieurement, et nous demeurons frustré·e·s. Cela engendre par ailleurs bon nombre de problématiques de couples. Chacun·e étant prompt·e à rejeter sur l'autre la cause de son insatisfaction.

Certain·e·s auteur·rice·s parlent de la danse du féminin et du masculin sacrés comme de la danse d'un couple. De fait, ce nécessaire ajustement n'est jamais définitif, mais un processus à l'œuvre qui demande conscience, subtilité et agilité.

Ces énergies peuvent être déséquilibrées, momentanément ou durablement.

Un masculin divin mal intégré nous pousse dans une quête de pouvoir et de puissance et cherche davantage la compétition et le conflit que la coopération.

Un féminin sacré en déséquilibre aura pour conséquences des idées et des intuitions qui ne se concrétisent pas ou peu, en raison de la passivité, du doute et de la peur qui freinent. Ses émotions submergent ses facultés de jugement.

Répondre à l'énigme du Sphinx

Cette énigme, nous la connaissons tou·te·s, c'est celle du Sphinx dans le mythe d'Œdipe. Le Sphinx est une créature chimérique, il a un corps de lion et un buste de femme. Juché sur son promontoire, il défie les voyageur·euse·s avec sa question et les dévore lorsqu'il·elle·s n'arrivent pas à y répondre.

La réponse est l'être humain, représenté à chaque étape de sa vie.

Chercher la réponse en soi

On a tou·te·s rendez-vous un jour avec notre sphinx. Celui-ci nous attend aux détours du chemin… Et nous ne pouvons alors qu'y faire face. Sa question tombe comme un couperet : « Qui es-tu, petit homme ? »

C'est le moment où **la question de la complétude** se pose. La complétude est le fruit de la réconciliation interne, qui va nous permettre d'accéder à l'amour inconditionnel de soi. On ne pourra pas passer au Phénix sans s'être réconcilié avec soi-même.

Alors qu'enfant, nous avons été dépendant·e de nos parents pour vivre et survivre, la question du sphinx nous oblige à nous réapproprier notre autonomie pour poursuivre notre route et nous réaliser. Personne ne doit répondre à notre place. Il va falloir, pour la première fois peut-être, aller chercher en soi de quoi être complet·ète pour ne plus avoir à, comme on le faisait jusque-là, chercher à l'extérieur de quoi être entier.

Si être adulte signifie quelque chose, c'est peut-être à cette étape que ça se joue : ne plus dépendre uniquement des autres pour savoir qui on est. Aller chercher ce qui n'était pas assez conscientisé et qui, une fois à la lumière, va enfin nous permettre d'agir en pleine possession de nos moyens. C'est le moment de tenter de se débarrasser de ses conditionnements familiaux, sociaux, culturels... ou du moins de faire le tri conscient de ce qu'on choisit de garder ou non.

L'œuvre au jaune, c'est la rencontre donc avec ce sphinx qui nous oblige à tenir debout tout seul. C'est l'occasion d'accéder à cette partie que nous avons oubliée, ignorée ou mésestimée et qui, maintenant, va pouvoir prendre légitimement sa place.

Un outil psychomagique pour se réunifier

Nous vous proposons de fabriquer, avec de la farine, de l'eau et du sel, une pâte à modeler. L'idée est de donner forme à vos féminins et masculins sacrés, ici et maintenant, quelles que soient leur forme.

Vous trouverez des recettes de pâte à sel très facilement si vous en avez besoin mais vous pouvez aussi vous faire confiance et chercher par vous-même les dosages qui font de votre pâte à sel une pâte qui convient à vos mains, à vos besoins, à vos envies.

1. Séparez entre vos deux mains une première boule en deux. Soupesez-les pour qu'elles soient à peu près équivalentes dans vos mains.

2. Avec une première boule, ne cherchez pas à façonner de forme, laissez-la advenir en fermant les yeux. Veillez juste à ce que la boule reste entière. Si un morceau s'en détache, refondez-le au reste et réhumectez la pâte si nécessaire.

3. Avec une seconde boule, faites de même. Les deux formes obtenues n'auront peut-être pas de nom, ne ressembleront peut-être à rien, ne seront peut-être pas identifiables, ni féminines, ni masculines, ni même humaines. Néanmoins, c'est ainsi qu'il vous faut les accepter.

4. Faites-les cuire au four pour les rendre définitives. Les objets ainsi obtenus, même s'ils ne vous satisfont pas objectivement, sont porteurs de la magie du Sphinx et, à ce titre, sont dignes de votre respect.

5. Installez-les dans votre environnement, suffisamment en vue pour vous (y compris au bureau). Laissez-les agir dans les jours qui viennent. Invitez-les à participer à votre vie, à y « mettre leur grain de sel ».

Voyage pour rencontrer son Sphinx

Le centrage, c'est notre capacité à entrer en soi et à écouter sa voix intérieure. C'est avec l'énergie du cœur (siège de nos aspirations personnelles, de ce qui nous fait vibrer dans la vie) et du plexus solaire (chakra de notre pouvoir personnel qui se situe juste sous la poitrine, là où on peut poser la main) que nous pouvons nous centrer et nous reconnecter à nous-même avec justesse.

C'est ainsi que nous prendrons conscience de nos manques éventuels pour contacter la puissance encore passive au sol du Sphinx, celle qui permet d'incarner vraiment le *qui je suis* et non pas *l'habit que je revêts dans le monde.*

Maintenant, installez-vous, fermez les yeux et prenez trois grandes inspirations/expirations en prêtant attention à l'air qui entre et qui sort de votre corps. Vous activez ainsi votre connexion au ciel et à la terre que vous avez expérimentée lors des étapes du noir et du blanc précédentes.

1. Posez une main sur votre cœur et une main sur votre plexus solaire, peu importe lesquelles. Détendez-vous… Nous allons commencer par réveiller deux centres énergétiques pour permettre en vous la réconciliation.

2. Prenez tout d'abord contact avec votre chakra du cœur. Visualisez une sphère d'un beau vert tendre qui se déploie au centre de votre cœur. Arrêtez-vous un moment sur la sensation que vous percevez, sous votre main, dans votre cœur... Contactez cette énergie qui vibre au centre de vous-mêmes et qui irrigue tous vos organes, votre corps tout entier.

3. Concentrez-vous maintenant sur votre chakra du plexus solaire et visualisez une boule jaune or sous votre main qui prend la forme d'un petit soleil, votre soleil intérieur. Laissez l'énergie de ce soleil s'intensifier et vous apaiser.

4. Portez votre attention sur votre côté gauche, symbolique de l'énergie féminine. Visualisez cette énergie comme une douce lumière argentée qui coule dans votre corps. Elle représente l'intuition, la créativité et la réceptivité.

5. Sentez cette lumière envelopper votre côté gauche, remplissant chaque cellule d'amour, de compassion et de connexion à votre essence réceptive et créatrice.

6. Restez dans cette lumière quelques instants, et observez les émotions, les pensées ou les sensations physiques qui émergent.

7. Maintenant, dirigez votre attention vers votre côté droit, siège de l'énergie masculine. Visualisez une lumière dorée, chaude et rayonnante, représentant l'action, la structure et la protection.

8. Sentez cette énergie de lumière dorée pénétrer votre côté droit, apportant puissance, clarté, direction et force d'action. Restez un moment avec cette énergie, en ressentant la stabilité et la confiance qu'elle vous offre.

9. Lorsque vous vous sentez prêt·e, visualisez ces deux lumières – argentée et dorée – se rencontrer au centre de votre corps, dans votre cœur. Imaginez un tourbillon de lumière fusionnant ces deux énergies, créant une nouvelle lumière, douce et puissante à la fois.

10. Cette nouvelle lumière incarne l'équilibre parfait entre votre féminin et votre masculin sacrés, l'intuition et l'action, la réceptivité et la force. Ressentez cette harmonie dans chaque partie de votre être, sachant que ces deux énergies sont maintenant en parfait équilibre en vous.

11. Vous vous sentez vibrant·e de vie, d'énergie et tout à fait apaisé·e et serein·e. Enregistrez cette sensation afin de pouvoir y faire appel à tout moment de votre journée lorsque vous ne vous sentez pas à l'aise dans vos baskets » ni en pleine possession de vos moyens.

Comment vous sentez-vous ? Quelles sont les sensations qui vous ont traversé·e pendant cette méditation ?

Pour travailler plus finement encore sur cette épreuve du jaune, nous vous invitons aussi à lire, chapitre 4 (p. 122), les passages dont elle est porteuse pour vous permettre de poursuivre votre route vers l'œuvre au rouge.

D. L'œuvre du Phénix : le rouge

> L'alchimiste, c'est celui qui a vu la lumière
> et qui retourne au cachot prévenir les autres.
>
> **Patrick Burensteinas, *Un alchimiste raconte***

Objectif : oser vivre son Phénix, partager sa lumière

L'œuvre au rouge est le moment où l'alchimiste qui travaille sur la voie des métaux découvre dans son creuset une matière transcendée rouge, la fameuse pierre philosophale, de la taille d'un grain de riz ou à peine plus grosse. Elle est destinée à être ingérée, mais non sans risque. Elle le·a transcendera ou elle le·a tuera.

Si vous avez à traverser l'étape de l'œuvre au rouge, c'est que votre puissance est au service de votre soif de pouvoir et vous porte préjudice OU c'est que vous n'osez pas assumer qui vous êtes et lui préférez une image extérieure à vous (liée à l'attente des parents, du·de la partenaire, à un fantasme de super-héroïsme...) à laquelle vous conformer.

Concrètement, il vous faut prendre votre mesure, accepter votre puissance pour ce qu'elle est et la mettre au service du monde. Votre ego retrouvera alors sa fonction de cheval au service d'un cavalier sage et déterminé.

Pourquoi le rouge ?

Avec l'œuvre au noir, nous avons travaillé notre terre, avec le blanc, nous avons établi la connexion entre ciel et terre, avec le jaune nous nous sommes réunifié·e·s pour, au rouge, apporter sa puissance au monde.

La couleur rouge

Michel Pastoureau, dans son livre sur la couleur rouge, explique que lors de la période médiévale, cette teinte avait deux dimensions, une bonne et une mauvaise, ainsi que deux référents, le feu et le sang. Le pèlerin qui passait d'église en église (une lecture évidente, oubliée pour nous), percevait ces touches de rouge sur les murs et les vitraux.

Il y avait le bon rouge du sang, celui du Christ rédempteur et salvateur et le mauvais rouge du sang, injustement versés lors de crimes. Et il y avait le bon feu, celui de l'Esprit Saint dont les langues viennent rayonner autour des représentations pieuses et le mauvais feu des flammes de l'enfer qui brûlent sans éclairer.

Pour l'alchimiste, l'être humain est capable de produire sa propre lumière, de transcender sa nature terrestre, sans passer par un dogme. Ce libre-arbitre en faisait un être démoniaque pour l'Église qui exerçait à cette époque son emprise spirituelle et financière sur toute l'Europe.

Chacun·e est porteur·euse d'une lumière (une connaissance, un talent, une manière d'être au monde) qu'il·elle peut apporter comme une pierre à l'édifice de l'humanité.

Mais c'est quoi, un Phénix ?

Le Phénix est un oiseau mythologique immortel qui, à la fin d'un cycle de vie, renaît de ses cendres. S'il est un des symboles qui représentent le Christ, l'homme ressuscité, il est aussi, et sans qu'un symbole en chasse l'autre, la figure royale alchimique d'un roi né des quatre éléments : la terre, l'eau, l'air et le feu.

> ...
> Comme le Phénix qui, pour renaître, a besoin de passer par le feu destructeur, j'avais besoin d'être EN FEU pour me sentir libre et qu'une part de moi-même tombât en cendres comme dans quelque sacrifice païen. Et ce désir en moi de voler tel un oiseau pour découvrir l'infini...
>
> **Niki de Saint Phalle, *Lettre à Marina***

Vous retrouverez dans ces quatre éléments les quatre phases du Grand Œuvre : la terre pour l'œuvre au noir, l'eau pour l'œuvre au blanc, l'air pour l'œuvre au jaune et le feu, enfin, pour l'œuvre au rouge. Reprenant en ceci la métaphore chrétienne, le Phénix est donc celui qui a traversé le Grand Œuvre et se prépare à refaire le cycle pour apporter aux êtres humains les moyens de leur révélation.

Activer la magie du Phénix

Élément : Feu – Énergie pulsionnelle

Son talon d'Achille

Il oscille entre deux pôles. D'un côté, il est incapable de contrôler son désir et sa puissance. Il va avoir un problème avec la notion de limite. De l'autre, il risque de se vider de sa substance en mettant excessivement son génie au service d'autrui.

Son incandescence naturelle et sa rapidité peuvent provoquer la saturation, voire la stupéfaction chez les autres. Le Phénix épuise son environnement et tend à s'épuiser vite également car il ne sait pas spontanément s'arrêter et se reposer. Il se laisse déborder par tous ses désirs. Si son génie du lien lui permet de capter le besoin de l'autre, la solitude qu'il perçoit parfois comme le désengagement des autres peut le désespérer, car il ne comprend pas bien qu'on ne se donne pas à fond tout le temps. S'il est déçu par les autres ou par la vie, il peut tout lâcher brutalement et renoncer... toujours intensément.

Le pouvoir du·de la porteur·euse de la magie du Phénix

C'est le·a magicien·ne de la vie !

L'énergie du Phénix est puissante et irradiante. C'est le feu qui descend du ciel pour réchauffer la terre. Sur son passage, il régénère et purifie. Le·a porteur·euse de la magie du Phénix sait insuffler la vie, même sans prononcer un mot. Il·elle dégage spontanément et sans particulièrement le chercher une forte énergie pulsionnelle et créative. Il·elle est charismatique. C'est un·e fabricant·e de projets qui pétille d'idées surtout si elles sont jubilatoires.

Il·elle est sans cesse en mouvement, dans sa tête et dans son corps. Il·elle cultive la nouveauté sous tous ses aspects, il·elle est en quête d'extraordinaire et sait manifester le vivant sous toutes ses formes. Auprès de lui·elle, la vie est tout sauf banale. Sa baguette magique, c'est de la poudre de Fée Clochette qui magnifie le réel dans une folie libératrice enthousiasmante.

Son carburant, c'est l'amour qu'il·elle suscite autant qu'il·elle offre. Comme les flammes, l'énergie de la relation n'est jamais statique et le Phénix se passionne pour les liens affectifs. Son expérience de la magie se vit au cœur de la relation.

Il·elle met son feu intérieur au service des autres en créant l'atmosphère idéale qui favorise les rencontres entre les gens et les liens entre les différents domaines. Ses grandes antennes et son écoute aiguisée font de lui·elle une ressource sur laquelle on peut s'appuyer comme une évidence. Sa grande liberté de mouvement qui s'accommode peu des grandes contraintes lui permet d'offrir aux autres la permission de transgresser et de conquérir leur propre liberté. C'est un·e révélateur·rice du don des autres.

Ses dons inaliénables

Sa capacité à aimer et son pouvoir de manifester le feu sacré.

Oser sa puissance réunifiée

Le défi du rouge

Le pouvoir, d'accord, mais pour qui ? Pour quoi ? Le défi du rouge, c'est de ne pas tomber dans le piège du pouvoir pour soi. Nous venons de voir avec Michel Pastourau les multiples lectures possibles de cette couleur. À vous, lecteur·ice, de trouver la bonne pour vous. Il faut être correctement initié·e pour choisir la lumière et ne pas risquer, en répondant à son désir de sombrer, paradoxalement, dans l'obscurité. « La Force peut avoir un côté obscur », dirait Yoda... Et pour choisir, il faut avoir affronté son diable intérieur, savoir fermement de quelle couleur va être son sabre laser. C'est tout le propos de *Star Wars*, mais aussi de toutes les épopées, des mythes fondateurs et des quêtes héroïques.

L'arcane XV : le Diable

Un personnage hermaphrodite avec un casque et une épée, des cornes, des ailes et des pieds griffus, est posé sur une sorte de piédestal auquel sont rattachés par une corde deux petits diables nus, aux oreilles pointues, aux pattes griffues et avec queue pendante dans le dos. Le Diable se présente ainsi à nous sur le quinzième arcane majeur du Tarot.

Arcane de la puissance et de l'énergie au service de la Lumière, le Diable nous propose d'assumer enfin qui nous sommes (l'épée de la vérité tenue à main nue) sans se laisser tenter par les enjeux de pouvoir et par les diverses tentations (ses chaînes). L'initié a fait ses expériences. Il a osé et transgressé. Il est au clair avec ses peurs et ses ambiguïtés. Il peut prendre la responsabilité d'assumer sa différence. « Quel pas de plus es-tu capable d'oser pour aller te rencontrer ? », lui dit le Diable. Ce représentant officieux du Divin dans la cité (il a des ailes et des bois connectés vers le ciel) est celui qui invite à savoir au service de quelle énergie nous mettons notre puissance après avoir purifié notre intention… par le feu sacré. C'est le porteur de lumière avec lequel nous commençons notre chemin spirituel.

On peut s'approprier l'œuvre au rouge à mauvais escient et prendre à son compte et pour son unique gloire le pouvoir que l'on devait offrir au monde.

L'or, comme objet de désir et de puissance, a fait la gloire autant que le malheur de l'alchimie. Compris comme une ressource économique, il a été désiré pour ce qu'il ne doit surtout pas être. Toute quête individuelle et égoïste de l'or alchimique est vouée à l'échec.

En attendant, voyons d'un peu plus prêt ce que les énergies du rouge nous offrent à comprendre.

Le mythe d'Hermaphrodite

Hermaphrodite est un personnage de la mythologie grecque. C'est un être fabuleux qui réunit les deux sexes dans un même corps. Son nom rappelle ses origines car il est le fils d'Hermès, messager des dieux et d'Aphrodite, déesse de la beauté.

Né garçon et doté d'une grande beauté, il se baigne dans une fontaine où une naïade, nommée Salmacis, s'éprend de lui et demande aux dieux de l'Olympe de les lier pour l'éternité. Son vœu est exaucé et il·elle·s fusionnent en un seul être, à la fois mâle et femelle.

Ces énergies relatives aux polarités féminines, masculines, hermaphrodites, permettent une connexion intérieure au Soi et ouvrent une fenêtre vers quelque chose d'autre, quelque chose de bien plus grand que notre petite personne, que nous pouvons appeler transcendance, Dieu, la Source…

Individuellement et collectivement, le changement à l'œuvre repose sur l'équilibre de nos polarités, de ces forces en nous qui sont à l'œuvre pour assouplir l'ego en faisant des trous dans la matière afin de laisser passer la lumière.

Un outil psychomagique pour réaliser sa puissance

L'outil le plus efficace pour solliciter sa puissance sera toujours le feu. Il vous faudra l'utiliser avec discernement pour obtenir une image lisible, et non pas floue ou partiellement brûlée.

Vous allez avoir besoin d'une bougie, d'une feuille A4, de jus de citron et de crayons de couleur. Nous vous recommandons de faire cette expérience le soir, à la lueur de la bougie.

1. Versez une demi-cuillère à café de jus de citron au centre de votre feuille blanche et, sans tarder, élargissez-la dans toutes les directions, comme un soleil, avec vos doigts. Ne cherchez pas à remplir toute la page mais bien à faire irradier la tâche de citron à partir de son centre. Il est normal que vous ne voyiez pas vraiment ce que vous êtes en train de faire, le jus de citron est transparent. Laissez sécher.

2. En approchant votre feuille au-dessus de la flamme, révélez votre dessin. Regardez-le apparaître, se matérialiser, en veillant à ne pas le brûler.

3. Puis, avec des crayons de couleurs, dessinez un visage au centre de ce soleil et complétez votre dessin de motifs multicolores irradiants autour. Vous pouvez vous inspirer de l'image du Soleil de l'Arcane XIX du Tarot.

Tout le Grand Œuvre se trouve dans ce dessin : le blanc de la feuille A4, le jaune du citron, le brun de l'œuvre au noir au moment de la révélation et le rouge de la flamme.

4. Placez ce soleil sous votre oreiller et laissez-le agir, quatre nuits d'affilée, pendant que vous dormez. Notez au réveil vos rêves ou vos pensées.

Voyage pour rencontrer son Phénix

Être aligné·e, c'est être à l'écoute de son guide intérieur, en totale adéquation avec la vision de son âme. C'est se sentir « la bonne personne, au bon moment, au bon endroit et avec les bonnes intentions ». Comment se fait-il que nous ne soyons pas tout le temps aligné·e·s ? me demanderez-vous peut-être. Il semble que l'on se désaligne à la suite d'accidents de la vie, à la suite de choix « raisonnables » dus à une éducation, à une culture... à la suite de multiples adaptations.

Être aligné·e, c'est avant tout faire circuler l'énergie sur son axe interne corps-cœur-esprit pour se caler sur sa vibration personnelle.

Selon Barbara Ann Brennan, autrice américaine et créatrice d'une méthode des soins énergétiques (Barbara Brennan School of Healing), il s'agit de s'aligner selon quatre points spécifiques :

- Le point d'individuation, situé au-dessus de la tête et qui renferme les informations sur qui je suis avant de m'incarner.
- Le siège de l'âme, situé en haut du chakra du cœur et contenant les aspirations de mon âme, ce qui me fait vraiment vibrer.
- Le siège du pouvoir personnel, situé au niveau du deuxième chakra (en dessous du nombril) et correspondant à notre capacité à manifester notre intention.
- Le centre de la Terre, situé sous nos pieds et qui nous permet de poser notre intention sur cette terre, dans cette vie.

Voici la méthode à suivre pour parvenir à cet alignement :

1. Debout, les jambes écartées dans le prolongement du bassin, les genoux légèrement pliés, posez vos deux mains sur votre deuxième chakra. Vos doigts sont écartés et le bout de vos doigts de vos deux mains se touchent.

2. Prenez le temps de vous connecter à votre pouvoir personnel. Vous pouvez visualiser une petite boule d'énergie sous vos mains. Prenez le temps de sentir ce qu'il se passe pour vous, ce que vous ressentez. Tout est juste. Ce n'est que l'information du moment.

3. Quand la connexion est faite, imaginez qu'un rayon

laser sort du siège de votre pouvoir personnel et se connecte directement au centre de votre terre. C'est là que se situe votre ancre dans cette vie. Prenez le temps de percevoir ce « branchement » spécifique.

4. Visualisez ensuite que de ce même chakra sort un autre rayon laser vers le siège de l'âme, au-dessus de votre cœur. Le centre de votre terre, votre centre du pouvoir personnel et le siège de votre âme sont maintenant reliés. Vous pouvez maintenant visualiser une ligne de trois points.

5. Laissez circuler l'énergie le long de cet axe et amusez-vous à déplacer votre sensation d'un point à l'autre.

6. Enfin, allez prolonger cette ligne jusqu'au-dessus de votre tête, jusqu'au point d'individuation. Vous êtes maintenant traversé·e par une ligne d'énergie du sommet de votre crâne jusqu'au centre de votre terre en passant par votre entrejambe. Continuez à visualiser, à sentir l'énergie circuler le long de cet axe.

7. Vous pouvez bouger le long de cet axe. Observez la fluidité de vos sensations d'un point à un autre. Notez comment se passe l'alignement de ces quatre points. À quels endroits sentez-vous des blocages ou, au contraire, de l'aisance ?

Comment vous sentez-vous ? Quelles sont les sensations qui vous ont traversé·e pendant cette méditation ?

Vous pouvez refaire cet exercice régulièrement. C'est un processus évolutif qui permet d'être en cohérence avec votre but de vie et de le matérialiser plus aisément… entre autres bénéfices.

Pour travailler plus finement encore sur cette épreuve du rouge, nous vous invitons aussi à lire, chapitre 4 (p. 122), les passages dont elle est porteuse pour vous permettre de poursuivre votre route vers l'œuvre au noir.

À ce propos, certain·e·s pourraient rechigner à l'idée, après l'œuvre au rouge, de retourner dans l'œuvre au noir. Il ne s'agit cependant pas d'un retour en arrière mais d'une proposition que vous fait la vie d'élever votre niveau de conscience.

Le but est de toujours persévérer, de percer un peu plus la matière avec de la lumière pour mieux voir, « *Persévérez : percez et vous verrez* », dit l'alchimiste Patrick Burensteinas.

CHAPITRE 4

Les passages : enjeux et outils pratiques

...

La vie est un passage, un lieu d'apprentissage
où chaque rencontre, chaque épreuve est une étape
vers une connaissance plus vaste.

Christiane Singer

Objectif : permettre l'intégration de l'étape du Grand Œuvre sur laquelle vous avez à travailler

Après l'œuvre au rouge, survient inévitablement l'œuvre au noir. Rien n'est définitif, la roue tourne tant que vous êtes en vie. Il faut imaginer le Grand Œuvre, non comme un cercle mais comme une spirale dont l'élévation repasse systématiquement par les quatre mêmes points cardinaux (noir, blanc, jaune et rouge). À mesure que l'on travaille en conscience, les niveaux s'élèvent.

Nous vous proposons ci-dessous une image, semblable à un mandala, du Grand Œuvre et de ses étapes. Une sorte de carte pour vous repérer.

DIAGRAMME DES PASSAGES

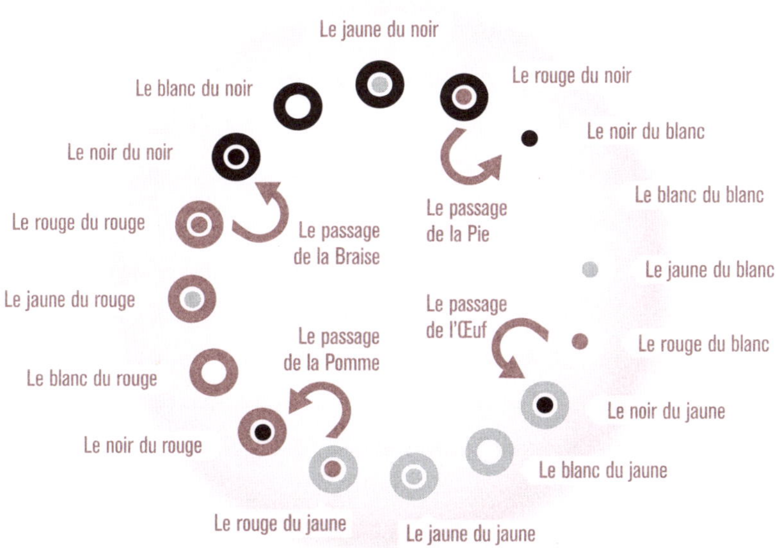

A. Les passages et leurs symboles

Pourquoi travailler les passages ?

Le passage est ce qui permet d'accéder à une prochaine étape du Grand Œuvre. Cela peut sembler simple mais, d'expérience, lorsque l'on bloque sur une étape, ça peut durer plus longtemps qu'on ne l'imaginait. La seule compréhension du Grand Œuvre ne suffit pas à le traverser.

Si vous avez pris conscience de l'étape du Grand Œuvre que votre vie vous propose d'intégrer, cette intégration passe non seulement par sa compréhension, mais aussi par des étapes que nous vous proposons d'explorer plus précisément dans ce chapitre.

On parlera ici d'intégrer son Corbeau, sa Licorne, son Sphinx ou son Phénix. Il s'agit de faire de l'étape sur laquelle vous bloquez une ressource pour passer à la suivante.

Concrètement, c'est comme si, comme vous pouvez le constater sur le diagramme des passages, dans chaque étape de Grand Œuvre se rejouait Grand Œuvre en miniature.

Symbolique du passage

La symbolique du passage est riche et polysémique. Le passage symbolise le changement d'un état à un autre, que ce soit au niveau personnel, spirituel ou physique. Cela peut représenter une période de transition, de croissance ou d'initiation...

Le passage est un point de rupture entre deux espaces ou deux états (comme l'intérieur et l'extérieur, le connu et l'inconnu). Traverser un passage peut symboliser un renouveau ou une renaissance. Le passage, c'est un non-lieu, on n'y reste pas, ce n'est pas un but. Il s'agit d'un chemin à notre insu vers une autre issue.

Dans la langue des oiseaux, ce mot se prête à de multiples interprétations qui, loin de s'exclurent, en livrent toutes les subtilités. Passage, pas-sage... Pas sage, comme un enfant qui ne tient pas sur sa chaise et/ou pas sage, comme un pas vers la sagesse, ou déjà empreint de sagesse. À vous de vous interroger donc sur le stade de maturité du pas qu'il vous reste à faire pour passer d'une étape à l'autre.

Dans les traditions spirituelles, le passage est une métaphore pour surmonter des épreuves et accéder à un niveau supérieur de conscience ou de compréhension.

Un passage peut aussi symboliser le désir de liberté, la quête d'aventure ou d'évasion. Aller vers un espace inconnu implique un engagement personnel dans la découverte de soi et du monde.

Lorsqu'il·e s'apprête à aborder un passage, l'apprenti·e alchimiste va rencontrer **un Allié ou un gardien du Seuil...** et souvent les deux. L'un, le gardien, pour maturer, grandir et évoluer. L'autre, l'Allié, pour surmonter une crise passagère ou un défi conjoncturel.

Symbolique du gardien du Seuil

Le gardien du Seuil est une figure symbolique riche et profonde présente dans de nombreuses traditions mystiques, ésotériques et mythologiques.

Ce gardien représente un obstacle ou une épreuve que l'initié·e doit surmonter pour progresser spirituellement ou pour accéder à une nouvelle phase de conscience.

Son rôle symbolique varie en fonction des cultures et des philosophies, mais l'idée centrale reste la même : c'est une entité, une force ou une épreuve qui marque le passage entre deux états d'existence ou de conscience.

En somme, le gardien du Seuil est une symbolique universelle qui parle de l'évolution spirituelle et psychologique de l'être humain. Il rappelle que tout progrès significatif passe par une confrontation avec ses propres peurs et ses limites.

En tant qu'archétype, le gardien du seuil occupe avant tout une fonction visant à tester la détermination du·de la héros·ïne à s'engager vers son projet de vie. Il en symbolise tous les éléments internes (croyances limitantes, émotions bloquantes, manque d'informations...) ou externes (toutes personnes venant semer le doute) qui empêchent le·a héros·ïne de réaliser quelque chose de significatif pour lui·elle.

De nombreux contes et œuvres modernes utilisent la figure du gardien. Dans *Le Seigneur des anneaux*, par exemple, Gandalf et les autres personnages font face à diverses figures de gardiens qui testent leur courage et leur sagesse. Dans la mythologie grecque, c'est le Sphinx qui pose une énigme à Œdipe. Les chevaliers du Graal dans la quête arthurienne et Cerbère, le gardien des Enfers dans la mythologie grecque, en sont de dignes représentants. On pense encore au Minotaure que Thésée doit affronter pour libérer la cité d'Athènes de son tribut.

Le gardien du Seuil interdit l'accès à ceux·elles qui ne sont pas prêt·e·s, pas encore suffisamment initié·e·s. Mais il n'est pas une menace. Il oblige le·a héros·ïne à comprendre la nature de la force qui s'oppose à lui·elle pour l'intégrer et en faire un allié. Ayant ainsi eut accès à la connaissance, il·elle peut se projeter dans un avenir plus connecté avec ses aspirations profondes, à un autre niveau de lui-même.

Symbolique de l'Allié

Dans un parcours initiatique, l'Allié est un symbole fondamental d'interconnexion, d'apprentissage et de dépassement de soi. Il facilite la progression de l'initié·e dans sa quête en offrant des ressources, des conseils, ou un appui moral.

L'Allié est souvent un mentor, un compagnon ou une entité qui aide l'initié·e à surmonter les épreuves. Cela reflète l'importance de l'entraide et de la solidarité dans tout cheminement. L'Allié peut servir de pont entre l'initié·e et ce qui lui est inconnu, qu'il s'agisse d'un monde physique, spirituel ou psychologique. Il symbolise la transmission de connaissances ou d'expériences que l'initié·e ne possède pas encore. Parfois, l'Allié agit comme un miroir, permettant à l'initié·e de mieux se comprendre lui·elle-même. Il incarne des qualités que l'initié·e aspire à développer ou, au contraire, met en lumière des faiblesses à surmonter.

Dans de nombreux récits, l'Allié peut représenter une force surnaturelle ou divine.

L'Allié peut aussi être ambigu, testant la volonté ou les valeurs de l'initié·e, pour l'aider à se renforcer. Ainsi, son rôle peut inclure des moments de défi ou de conflit.

Dans *L'Odyssée*, la déesse Athéna agit comme une alliée pour Ulysse en lui offrant protection et conseils. Dans *Le Seigneur des anneaux*, Sam est le compagnon fidèle de Frodon, incarnant la loyauté et la persévérance. Dans *Harry Potter,* Ron et Hermione sont les indéfectibles allié·e·s d'Harry tout au long de ses aventures. Complémentaires, il·elle·s apportent connaissance et logique pour la première et loyauté et humour pour le second. Dans *Le Petit Prince*, c'est le renard qui joue ce rôle auprès du prince en lui enseignant des leçons sur l'amitié, la confiance et la responsabilité. On peut aussi évoquer le Dr Watson qui accompagne Sherlock Holmes dans ses enquêtes. Ce dernier apporte une perspective humaine et émotionnelle qui équilibre le caractère froid et analytique du détective.

Dans la psychologie jungienne, l'Allié peut représenter une figure archétypale du Soi, une partie de nous-mêmes qui nous guide vers la complétude, inconnue ou sous-estimée.

Parfois, un personnage peut jouer les deux rôles : un gardien du Seuil vaincu peut devenir un Allié par la suite, symbolisant une leçon intégrée ou une nouvelle compétence acquise.

Dans *La Belle et la Bête*, par exemple, la bête commence d'abord par imposer des conditions sévères à Belle pour sauver son père. C'est l'épreuve initiale. Au fil du récit, Belle découvre l'humanité et la bonté de la bête sous son apparence monstrueuse, qui devient son allié et son compagnon. Ici ce sont l'amour et la compréhension qui aident à dépasser les peurs initiales.

Dark Vador, dans la saga *Star Wars*, est également une figure combinée. Il représente l'obstacle principal que Luke Skywalker doit surmonter, incarnant le mal, la peur et la tentation. Au cours de la progression du récit, il se transforme en Allié grâce à l'amour et la foi de Luke et se retourne contre l'empereur en accomplissant un acte qui catalyse la transformation. Leur interaction contribue à la richesse et à la profondeur du parcours initiatique. L'Allié peut préparer l'initié·e à affronter le gardien du Seuil.

Dans notre atelier, vous pourrez Essuyer* soit votre Allié, soit votre gardien du Seuil, pour vous aider tout au long de votre voyage.

Au chapitre précédent, nous avons évoqué les Gardiens des 4 grandes phases du Grand Œuvre, dans celui-ci, nous vous invitons à travailler avec votre Allié.

On ne se met pas en quête sans avoir pris le temps d'être bien accompagné·e.

Mais avant que cet Allié soit présent à vos côtés, il vous faut d'abord veiller à vous équiper pour le voyage. Il est nécessaire d'avoir fourbi quelques outils avant de partir, et si ça n'est pas fait au début de la quête, de prendre le temps de s'arrêter en route pour les acquérir (parce qu'il n'est jamais trop tard pour bien faire).

* Notre protocole est expliquée plus longuement p. 161.

B. L'intention et l'intuition, les outils magiques fondamentaux

L'intention et l'intuition sont les deux outils incontournables de la quête initiatique.

L'intention est notre capacité à diriger activement notre énergie vers un but précis. C'est LE super pouvoir des sorcier·ère·s ! Celui qui précède tous les autres et qui permet de mettre en œuvre les fulgurances issues de l'intuition.

L'intuition est la prise en compte des messages qui remontent des profondeurs de son être. C'est une perception rapide et souvent difficile à expliquer, qui permet de saisir une vérité, une idée ou une situation sans passer par un processus déductif ou analytique.

Que l'on possède ou non des capacités médiumniques avérées, notre intention nous permet d'entrer en contact avec la petite voix de notre intuition dont nous avons parfois du mal à entendre les messages.

Il existe différents types d'intuition et diverses manières de s'y connecter. Chacun·e découvrira avec un peu de travail et d'attention ce qui lui convient le mieux selon son énergie personnelle.

Nous retiendrons ici spécifiquement :

- **l'intuition émotionnelle :** c'est une émotion ressentie soudainement qui n'a rien à voir avec ce que je suis en train de faire sur l'instant. Il s'agit par exemple d'une angoisse qui monte alors que vous cuisinez. Quelques minutes plus tard, le téléphone sonne et vous apprenez une mauvaise nouvelle.
- **l'intuition créative :** c'est l'énergie qui monte quand vous êtes dans une séquence créative et que vous savez exactement quoi faire, quoi dessiner, quoi écrire… sans que cela semble passer par le prisme de votre mental.
- **l'intuition onirique :** c'est la manifestation directe de votre inconscient pendant un rêve ou en état de conscience modifié (comme lors de l'apparition d'un Essuyé dans votre atelier), sous forme de messages symboliques et/ou explicites.

Et concrètement ? On fait comment pour en avoir ?

Il existe bien des façons de les solliciter, la plus simple à mettre en œuvre est encore de se procurer un oracle. Il en existe à l'heure actuelle de toutes sortes et chacun·e choisira celui qui lui parle le mieux. Choisir son oracle est déjà un travail intuitif dans l'intention de cheminer autrement que par ses capacités d'analyse et de déduction.

Travailler son intuition onirique avec les Essuyés

Lors du travail que nous menons en petits groupes dans l'atelier, nous utilisons une pratique picturale vieille de plus de 250 ans et un protocole spécifique pour permettre à chacun·e de découvrir un visage.

Ce visage apparaît dans la couche picturale au moyen d'un chiffon. Il n'est ni dessiné, ni peint mais bien découvert, comme dépoussiéré, comme la lumière fait apparaître une forme dans l'ombre.

Pour réaliser ce visage-Essuyé, nous nous appuyons sur l'intuition onirique dont chacun est porteur. Essuyer c'est comme rêver : il s'agit d'inviter l'inconscient à délivrer son message. Si le sujet vous intrigue, on vous invite à lire le chapitre 5 (p. 152) pour en savoir davantage.

C. Les quatre passages

Mantra : mode d'emploi

Un mantra est un mot, une phrase ou un ensemble de syllabes répétées visant à concentrer l'esprit, induire une transe ou favoriser la transformation intérieure. Les mantras sont des phrases hermétiques, magiques. Le mot « mantra » provient du sanskrit, où « man » signifie « esprit » et « tra » signifie « outil » ou « instrument », ce qui peut être traduit par « outil de l'esprit » ou « instrument de la pensée ».

Les mantras sont utilisés principalement dans les traditions religieuses telles que l'hindouisme et le bouddhisme, mais aussi dans certaines pratiques contemporaines de développement personnel et de méditation. Leur but est de guider la concentration, calmer l'esprit, ou de provoquer une transformation spirituelle.

La répétition des sons agit comme une vibration ou une énergie qui influence l'esprit et le corps, produisant des effets bénéfiques.

Le mantra « Om » est l'un des plus connus, symbolisant le son primordial de l'univers dans de nombreuses traditions spirituelles. « Hare Krishna » est un chant dévotionnel dédié aux divinités Krishna et Rama. Il est censé purifier l'esprit et éveiller l'amour divin. Dans la tradition chrétienne, l'« Ave Maria » est souvent répété, notamment lors du chapelet, pour invoquer l'aide de la Vierge Marie.

Il peut être considéré comme un mantra car il aide à favoriser la concentration et la méditation. Les symboles Reiki (méthode de soin japonaise ancestrale) sont également des mantras permettant de concentrer l'attention dans le but d'induire une transformation.

Mode d'emploi des mantras et des Alliés

Nous vous proposons, pour emprunter les passages, d'activer des mantras. Chaque passage est associé à un mantra spécifique.

Il s'agit de se poser dans son espace sacré en conscience et après avoir fait silence en soi, de le laisser résonner en boucle à haute voix à l'intérieur de soi pendant un minimum de trois minutes, jusqu'à trois, sept ou vingt-et-un jour, en fonction de la complexité du pas à faire.

Il s'agit ici d'un acte véritablement magique. Votre tête n'a pas à faire autre chose que de décider quand elle commence et de répéter les mots. Le reste appartient à une autre dimension de votre être, qui pourra alors devenir active et efficace.

De même, pour chaque passage, nous vous proposons un Allié avec lequel cheminer. Ce compagnon de route vous sera un exemple autant qu'une aide chaque fois que vous en aurez besoin. N'hésitez pas, par la force de l'intention, à le solliciter.

Du noir au blanc : le passage de la Pie

◆ SYMBOLIQUE DE LA PIE

Le Corbeau est un oiseau noir qui petit à petit se transforme, avec l'apparition de plumes blanches, en Pie.

Noir du noir

C'est une crise, un moment d'effondrement personnel, l'obligation de trouver une autre façon d'agir, de penser, de vivre. Un changement de paradigme.

> • **Mantra**
>
> *Le Souffle déchire mes voiles*
> *Les étoiles guident ma voie*
> *Je commence mon chemin vers ITE*

• **Proposition d'Allié**

Arlequin, de la Commedia dell'arte, avec son masque, ses acrobaties et son esprit astucieux, est un personnage qui manipule les situations avec humour et une touche de malice. Il joue souvent sur le côté imprévisible et irrationnel avec une profondeur de symbolisme et de comédie. Il ramène du possible lorsque tout semble bloqué.

Blanc du noir

C'est la construction d'un axe, un mouvement interne, à la fois état des lieux et recentrage.

> • **Mantra**
>
> *Je suis le cygne*
> *L'aile s'élève*
> *L'axe se révèle*

• **Proposition d'Allié**

Le vilain petit canard dans le conte d'Andersen est connu pour sa résilience et sa persévérance à traverser les épreuves et sa capacité à passer du noir au blanc. Il porte en lui toutes les ressources même si ce n'est pas encore visible. Ce n'est pas parce que ça commence mal qu'il faut désespérer.

Jaune du noir

C'est le développement d'une stratégie, un travail sur l'altérité, le partage, la recherche de solutions, des tentatives d'explications, une modélisation.

> • **Mantra**
>
> *Chois-y ton bois*
> *La corde accordée*
> *Arme ton art*

• **Proposition d'Allié**

Tyrion Lannister dans la série *Game of Thrones*, malgré un physique qui le dessert dans le contexte de l'histoire, se distingue par son intelligence remarquable et sa capacité à élaborer des plans réalistes en fonction de situations complexes souvent périlleuses.

Rouge du noir

Le tri s'est opéré, on sait ce que l'on ne veut plus et avec quoi on va avancer. On sait précisément ce qu'il y a à travailler.

> • **Mantra**
>
> *Je mets la main à la matière*
> *Je pétris le mystère*
> *Le germe s'insère*

• **Proposition d'Alliée**

Mary Poppins, à la fois bonne fée et sorcière, est celle qui fait confiance à ses intuitions pour résoudre les problèmes pratiques. Quand elle arrive dans la maison de la famille Banks, elle sait précisément ce qu'il y a à faire, elle est en mission. Elle est là pour réenchanter leur monde avec son sac et son parapluie.

Du blanc au jaune : le passage de l'Œuf

◆ SYMBOLIQUE DE L'ŒUF

Tout est déjà dans l'Œuf mais il faut avoir intégré le blanc pour accéder au jaune.

• **Noir du blanc**

Tout est là intuitivement mais c'est chaotique, en désordre, sans dessus-dessous. Il faut commencer par respirer.

> • **Mantra**
>
> *Le chaos écho, l'ordre y éclot*
> *Je retrouve le Souffle*
> *De l'air dans ma terre*

- **Proposition d'Alliée**

La déesse-scorpion égyptienne **Serket** est une divinité égyptienne qui aide à reprendre son souffle, à dégager les voies respiratoires, à nettoyer la colonne. Elle veille à la renaissance (à entendre ici comme la fin d'une période particulièrement difficile) de celui·elle qu'elle accompagne.

Blanc du blanc

C'est la découverte de notre ressource, l'identification de sa magie, de son don, de son talent et des outils qui nous sont propres.

> - **Mantra**
>
> *L'une est géante et s'épure*
> *L'autre cherche l'éclat*
> *La Licorne dicte sa loi*

- **Proposition d'Allié**

Merlin l'enchanteur, qui accompagne le jeune Arthur pour lui permettre de conscientiser ses dons et talents. Il représente à la fois le savoir, la magie, la transformation et la connexion entre le monde spirituel et matériel.

Jaune du blanc

Cet axe fonctionne dans les deux sens. Il permet la réunification des contraires et procure la clairvoyance.

> • **Mantra**
>
> *Tout ce qui est haut est ce qui est bas*
> *Le gaucher est adroit, le droitier est agile*
> *Je vois*

• **Proposition d'Allié**

Le petit prince, dans le conte de Saint-Exupéry, est comme notre enfant intérieur universel. Il voit au-delà des apparences, avec le cœur et non avec les yeux. Il représente l'équilibre entre la pureté et les responsabilités. Il découvre des vérités profondes en interagissant avec des personnages qui incarnent des polarités comme l'isolement et l'appartenance, l'égoïsme et l'altruisme.

Rouge du blanc

C'est l'accueil inconditionnel de ses intuitions, de ses fulgurances, c'est un accès à la gnose.

La gnose

Du grec *gnôsis* signifiant « connaissance », la gnose désigne un savoir spirituel profond censé mener à la libération de l'âme. Elle est au cœur du gnosticisme, un courant religieux et philosophique des premiers siècles de notre ère. Si son influence est marquée par le judaïsme, le christianisme et le néoplatonisme, elle en est cependant très à la marge. Selon les initié·e·s, la gnose est une forme de connaissance ésotérique et salvatrice qui dépasse le savoir intellectuel pour atteindre une révélation intérieure sur la nature divine de l'être humain et de l'Univers.

• Mantra

Volutes d'âme
Exultent en ondes argentées
Nuées évermeillées

• Proposition d'Allié

Yoda, dans *Star Wars*, est le célèbre chevalier Jedi qui parle par énigmes. Il déploie sa sagesse infinie capable de guider les autres et de les faire grandir. Archétype de la sagesse ancestrale, il est garant de l'équilibre entre lumière et obscurité. Il incarne un modèle spirituel et un guide de par ses enseignements et son exemplarité.

Du jaune au rouge : le passage de la Pomme

◆ SYMBOLIQUE DE LA POMME

Le passage du jaune au rouge parle de murissement, de maturité. La Pomme accompagne de grandes inventions et découvertes. C'est la symbolique d'Isaac Newton, alchimiste et inventeur de la physique moderne ou encore de Steve Jobs dans l'aventure d'Apple.

Noir du jaune

Cet axe représente les difficultés à exprimer ses idées, à les formuler pour soi-même et pour les autres.

> • **Mantra**
>
> *Le verbe s'ouvre*
> *Vert baiser sombre*
> *Clef d'ombre en éther*

• **Proposition d'Allié**

Le professeur Keating, dans *Le Cercle des poètes disparus*, film américain de 1989, aide les étudiants dont il a la charge à grandir, à se transformer. Professeur de lettres décalé dans une prestigieuse académie plutôt austère, il les encourage à sortir des sentiers battus, à développer leur esprit critique et à penser par eux-mêmes. Les cours de M. Keating vont définitivement et durablement bouleverser la vie de ses étudiants.

Blanc du jaune

Se laisser inspirer, accepter d'intégrer l'irrationnel dans un raisonnement rationnel. Chercher toutes les lectures possibles.

> - **Mantra**
>
> *Je suis l'eau qui lève les voiles*
> *Je n'ai vue qu'à l'étoile*
> *L'écho du sel parle et dévoile*

- **Proposition d'Allié**

Gandalf, dans *Le Seigneur des anneaux*, apaise l'émotionnel. Il invite à écouter autrement et à emprunter des chemins inattendus. Au-delà d'être un grand magicien, il est un guide stratégique qui encourage ses ami·e·s par ses paroles réfléchies et ses conseils subtils. Il aide ceux·elles qui en ont besoin à gérer leurs peurs, à écouter leur courage, pour affronter leurs défis.

Jaune du jaune

Deuils de nos croyances limitantes, ré-organisation, le rationnel s'irrationnalise et l'irrationnel se rationalise.

- **Mantra**

Le livre délivre, l'être lit et s'émeut
Je libère ce qui n'est plus
Je cueille la clef des secrets révélés

- **Proposition d'Allié**

Le détective **Sherlock Holmes** est l'archétype du penseur génial. Sa façon irrationnelle de traiter la rationalité, son raisonnement déductif, sa capacité à résoudre des mystères apparemment insolubles et son esprit analytique aiguisé en font un penseur exceptionnel à qui rien ne résiste.

Rouge du jaune

Cet axe constitue une lecture des évènements à différents niveaux de conscience, simultanément et clairement. Les différentes réalités ne s'excluent pas.

- **Mantra**

Je tiens le fil des mondes mêlés
Je vois l'évidence et l'invisible
Tout sonne et raisonne

- **Proposition d'Alliée**

Alice, dans *De l'autre côté du miroir*, passe dans une autre logique que celle du monde réel, qui ne l'exclut pas, mais la complète. Elle s'en étonne mais l'intègre et en joue au fur et à mesure qu'elle avance dans son aventure.

Du rouge au noir : le passage de la Braise

◆ SYMBOLIQUE DE LA BRAISE

Rougeoyante, la braise permet d'allumer le feu. Elle ne peut être touchée. Elle garde la chaleur plus longtemps que les flammes et la diffuse. Elle devient de la cendre à la fin de sa combustion : elle retourne à sa condition de *materia prima.*

Noir du rouge

Comme une « rechute », on croit être arrivé·e au bout de la quête et rien ne se passe comme prévu. Il y a encore quelque chose qui freine et qui provoque un doute insoutenable. Une dernière épreuve doit être vécue avant de sortir du tunnel.

> • **Mantra**
>
> *L'ombre en ma verte terre*
> *Le diamant veille*
> *Percez et vous verrez*

- **Proposition d'Alliée**

Perséphone, déesse du monde souterrain qui vit avec le dieu Hadès aux enfers, est également associée au retour de la végétation au printemps, saison où elle vient vivre à la surface. Elle sait passer de l'ombre à la lumière. Le chemin de l'un à l'autre n'a pas de mystère pour elle.

Blanc du rouge

Cet axe permet de se laisser inspirer, d'accéder à la gnose, aux fulgurances confirmées par l'extérieur. C'est le *deus ex-machina*, le coup de pouce du destin.

> - **Mantra**
>
> *L'épée sort de l'onde*
> *La fée en sa lumière*
> *L'âme agit féconde*

- **Proposition d'Alliée**

Fée Viviane, dite **Dame du Lac**, est aussi appelée la Dame blanche dans la légende arthurienne. Elle élève le chevalier Lancelot et donne son épée au roi Arthur. Compagne de Merlin, elle est très puissante mais discrète, elle ne revendique pas ses actions, bien que celles-ci ont un effet profond.

Jaune du rouge

C'est la recherche et (re)découverte de sa partie manquante. Un choc, une révélation. Cet axe active cette part de soi qui n'avait pas pu s'exprimer jusqu'alors ou avait été oubliée.

> • **Mantra**
>
> *Le pas s'allège, le feu danse*
> *L'ange révélé s'élance*
> *Sur les éclats du ciel en perles*

• **Proposition d'Allié**

Hermès est le dieu des voyageurs, des commerçants et des voleurs dans la mythologie grec. C'est un dieu espiègle qui vous guette là où vous ne l'attendez pas. Lorsque vous le croisez, votre destin change du tout au tout. Il déclenche les synchronicités.

Rouge du rouge

Réalisation de son plein potentiel, don au monde, avec parfois une sensation de lenteur autour de soi, de décalage. Parcourir un chemin que d'autres n'ont pas encore fait en conscience. Invitation au partage.

> • **Mantra**
>
> *Incandescent le Phénix*
> *Le sceau naît sang*
> *Communion Quintessente*

• **Proposition d'Allié**

Le **Christ**, à comprendre ici comme la figure archétypale, et pas nécessairement religieuse, du Phénix. C'est celui qui donne, éclaire et accompagne.

Mais le Grand Œuvre ne s'arrête pas là ! Il ne faut pas oublier qu'il est cyclique et qu'une nouvelle crise est toujours l'occasion d'une nouvelle proposition de croissance interne, d'une nouvelle élévation de conscience, de nouvelles aventures...

CHAPITRE 5

Tahitoa, Aëlle et les ateliers du Phénix

...

Il n'y a qu'une façon d'apprendre, répondit l'alchimiste. C'est par l'action ! Tout ce que tu avais besoin de savoir, c'est le voyage qui te l'a enseigné.

Paulo Coelho, *L'Alchimiste*

Vous pourriez, à juste titre, vous demander comment nous en sommes venues à l'Alchimie Blanche…

Si vous lisez ce livre, c'est parce les univers de vos autrices se sont joyeusement télescopés dans l'atelier de Blan, il y a quelques années, pour donner naissance à une proposition inédite : les ateliers du Phénix.

C'est en partant de ce dispositif et en l'expérimentant dans l'atelier avec les participant·e·s, que nous avons conceptualisé notre tradition : l'Alchimie Blanche.

Les ateliers du Phénix composent un voyage par étapes qui est le résultat de notre propre Grand Œuvre alchimique et de notre capacité à accueillir et à solliciter notre magie personnelle. Dans l'atelier, nous travaillons en groupe, avec un médium pictural très puissant, **le glacis huile**, et sous la houlette de guides singulier·ère·s : **Tahitoa et Aëlle.**

Une tradition

Du latin *tradere* qui signifie « transmettre, passer à un autre », on utilise ce terme pour parler d'un héritage. Selon le Larousse, la tradition est « un ensemble de légendes, de faits, de doctrines, de coutumes, etc., transmis oralement sur un long espace temps ». Dans le domaine ésotérique, signifiant secret ou caché, chaque maître établit sa propre lignée à partir de ce qu'il·elle a reçu et de ce qu'il·elle a expérimenté. Chaque enseignement peut être symbolisé par un arbre : les racines représentent ce qui a été transmis par la tradition des ancien·ne·s, le tronc est l'expérience et la pratique du maître et les branches constituent son legs à sa lignée.

A. Tahitoa, notre guide qui vient de loin…

Un premier dimanche d'une longue série, six personnes se sont retrouvées un chiffon à la main dans l'atelier, à chercher dans le noir un premier message.

Tou·te·s ont vécu une rencontre fascinante… sauf Fabienne ! Parce qu'un Essuyé livre rarement l'entièreté son message à la première rencontre.

Deux jours plus tard…

« Bon, il faut que je te dise un truc, Blan, mon Essuyé a beau être superbe et avoir emballé tout le groupe… Moi, j'ai la sensation curieuse et vaguement déplaisante de ne pas être vraiment rentrée dans le truc… C'est très frustrant, en fait !

– Ça ne m'étonne pas, tu as vu ton premier geste ? Tu étais partie pour essuyer sur trois panneaux plutôt qu'un seul. C'était à l'évidence trop petit pour toi.

– Mais c'est l'histoire de ma vie, ça... Je me sens toujours à l'étroit dans le cadre qu'on me propose ! Et je me fais mal à vouloir rentrer dans les cases des autres, à me conformer à une norme que je ne parviens pas à faire tout à fait mienne...

– Qu'à cela ne tienne, on va le refaire en plus grand. Tu veux grand comment ?

– Grand comme ça ! » répond Fabienne, en écartant spontanément largement les bras.

C'est ainsi que nous nous sommes retrouvées dans le salon de Fabienne débarrassé de tous ses meubles, autour d'une toile à l'échelle de l'énergie de Fabienne... six fois plus grande que dans l'atelier. Compte tenu de l'énormité du support, il a fallu s'y mettre à quatre mains. L'une en arrière, debout sur le canapé, pour guider les mains de l'autre. Interchangeant nos rôles à mesure que le visage apparaissait.

Tout commence donc un jour d'avril... Sur le mur apparaît le visage intriguant d'un géant aux grands yeux bienveillants et scrutateurs. Nous venons d'Essuyer pour notre plus grand étonnement un personnage hors-normes à tous points de vue. Nous ne savons pas encore qu'il nous conduira à ouvrir une nouvelle voie alchimique et jusqu'à l'écriture de ce livre.

Si cet Essuyé s'inscrit dans le Grand Œuvre de Fabienne comme sa Licorne, c'est également notre allié commun. Nous avons dû apprendre à l'invoquer pour nous guider sur ce cheminement initiatique et nous aider à relever les défis inhérents à notre œuvre commune.

Il se nomme Tahitoa, ce qui signifie « le guerrier qui vient de loin » dans la culture polynésienne à laquelle il appartient. Son regard invite à l'introspection sans concession. Toute son expression incite à plonger dans l'aventure sans retour possible.

Tahitoa nous a certes grandement inspirées, voire sérieusement aiguillées, pour nous aider à venir à bout de ce projet. Parfois, il nous a même semblé que c'était sa propre idée qu'il distillait en nous, comme s'il nous avait choisies pour une mission bien précise.

Nous avons beaucoup tâtonné avant de trouver une façon de communiquer avec lui. Il nous a tout d'abord fallu apprendre à voyager jusqu'à sa grotte pour recueillir sa parole. Il nous a ensuite guidées vers des expériences immersives, des plus passionnantes, pour comprendre de l'intérieur les enjeux des quatre étapes du Grand Œuvre.

C'est ainsi que nous avons eu accès à un mode d'emploi clair de l'outil que nous avions co-créé.

Tahitoa parle sous formes de métaphores et d'images archétypales. Cela nous a pris un certain temps pour le décrypter et pour en apprécier le sens et l'humour. Nous nous sommes souvent fait l'effet d'être des héroïnes arthuriennes devant résoudre des énigmes lors d'une quête du Graal. Ce fut à la fois passionnant, hilarant, questionnant, perturbant... mais jamais nous n'avons eu envie de faire demi-tour !

Ces voyages initiatiques, les méditations guidées et l'histoire de Tahitoa feront peut-être l'objet d'un prochain livre.

B. Aëlle, une présence silencieuse

Notre second guide est beaucoup plus discrète. Elle est apparue dans l'atelier de Blan entre deux ailes pour finalement, d'Essuyage en Essuyage, s'affirmer sans ailes.

Cette deuxième alliée est également la Licorne de Blan.

Longtemps, elle a été là, de façon si naturelle, parmi les tableaux de l'atelier, qu'il n'était évident ni pour Fabienne, ni pour Blan, qu'elle était en lien avec les ateliers que nous étions en train de créer. Comme elle ne parle pas, nous avons agi sous sa guidance sans même en avoir eu conscience.

Telle une Joconde moderne (si l'on veut bien admettre que l'énergie de la *Joconde* puisse passer par l'inconscient collectif jusqu'à un Essuyé et sans chercher ici à concurrencer le génial Léonard de Vinci), Aëlle vous regarde de toute sa bienveillance, esquisse un sourire et attend que vous veniez jusqu'à elle.

Elle ne dit rien, ne manifeste aucune intention ou impatience. Elle se contente d'être là, de vous regarder et d'attendre que vous la preniez, ou pas, en compte.

Elle ne vous propose que ce que vous êtes en mesure d'entendre au fond de vous. Elle est faite d'une énergie souterraine, lunaire. Elle n'est pas de votre monde mais elle en garde l'accès.

C'est sans doute grâce à elle et à son accueil inconditionnel que jamais un Essuyé ne pourra être destructeur.

Elle y veille.

À eux·elles deux, Tahitoa et Aëlle, sont les énergies alchimiques du roi et de la reine dont les deux aspects, situés entre le soleil et la lune, sont visibles à Chartres, cathédrale alchimique s'il en est, entre le clocher porteur de l'astre solaire et l'autre porteur de l'astre lunaire. Elles vous permettent d'être entre de « bonnes mains » pour vous aider à accoucher de vous-mêmes.

Sous leur influence, nous nous sommes spontanément réparties les rôles. Blan s'occupe particulièrement du bébé (l'Essuyé) quand Fabienne est tournée vers celui ou celle qui le met au monde (l'Essuyeur).

C. Les ateliers du Phénix

Dans l'atelier, nous travaillons donc avec un médium hérité de la tradition des peintres décorateurs du XVIIe siècle, le **glacis à l'huile.**

C'est une couche picturale très fine, appliquée sur un support, dans laquelle on vient Essuyer avec un chiffon pour faire apparaître un visage, l'Essuyé.

Cette approche a l'inconvénient de nécessiter un matériel professionnel et un atelier, mais présente aussi l'avantage d'un partage en groupe qui permet de s'enrichir des découvertes des un·e·s et des autres. Il permet aussi, une fois le support sec, de laisser une trace, de témoigner, de permettre le partage, de laisser un souvenir moins fugace qu'un rêve.

Le glacis est un médium pictural incolore et liquide composé des trois ingrédients symboliques bien connus : le soufre, le mercure et le sel. Les trois sont au service du pigment, alter ego de l'Essuyeur.

Chaque rendez-vous dans l'atelier est l'occasion pour chaque participant·e de réaliser un Essuyé, Allié ou Gardien, porteur des messages du Grand Œuvre.

Des ailes pour humains...

Les ailes sont apparues de façon récurrente dans le travail de Blan lors de grandes crises. La première fois, elle divorçait. La seconde fois, l'atelier était détruit par une inondation et tout son travail remis en cause.

Dans le processus qui amène à la création de ces ailes pour humains, il y a toujours une fulgurance, un long dialogue entre le glacis et le·a peintre. Le glacis propose, le·a peintre dispose tant bien que mal avec, ce qui dans un premier temps, le·a contrarie.

Mais les ailes ont toujours eu en commun de n'être abouties que lors de la rencontre avec un humain sur le dos duquel, elles s'accrochent de façon inexplicable.

Fabienne, en poussant les portes de l'atelier, a très vite perçu l'énergie dont chaque paire d'ailes est porteuse. C'est la première à avoir mis des mots sur ce qui, pour Blan, restait indicible. Très vite, Fabienne a proposé d'utiliser les ailes pour participer à l'accouchement des Essuyés, en canalisant l'énergie spécifique de chacune.

Certaines paires s'inscrivent absolument dans le Grand Œuvre alchimique. D'autres travaillent ailleurs. La rencontre d'un humain avec sa paire d'ailes est toujours un moment d'une grande intensité.

C'est donc avec des chiffons en main, des ailes dans le dos, du glacis sur le mur et quelques autres outils magiques que vos autrices ont vécu, une première fois, le chemin en conscience. Cette première fois a été le point de départ de nos Grands Œuvres personnels.

Nous avons décidé de commencer par vivre intégralement le Grand Œuvre avant d'accompagner d'autres sur cette voie. Ceci nous a permis de comprendre les doutes, les fulgurances, les épreuves que chacun·e va avoir à traverser. Et, par la même occasion, nous avons compris que si on Essuie une fois son Grand Œuvre pour toute une vie, celui-ci ne cesse de se réactualiser par la suite.

Rapidement, il est devenu évident que, tout comme l'Hermite du tarot de Marseille, il nous fallait le transmettre et éclairer de cette surprenante lanterne tou·te·s ceux·elles qui souhaitent faire émerger ce qui a toujours été là, dans l'ombre.

Chaque nouveau groupe que nous accompagnons sur une des quatre étapes du Grand Œuvre, est pour nous une invitation à revivre les épreuves et défis de cette étape.

Un peu plus finement à chaque fois.

Nous remarquons alors que nos Essuyés réalisés il y a plusieurs années changent en fonction des besoins de notre évolution personnelle. Ils sont toujours les mêmes et, en même temps, ils se transforment dans la compréhension que nous en avons. Ils se révèlent à mesure que nous montons en conscience. Ils semblent distiller dans le temps des informations qui sont toujours pertinentes au bon moment.

L'œuvre au blanc, comme nous venons de le partager avec Tahitoa et Aëlle, a été une étape majeure dans notre prise de conscience. Ces guides ouvrent en très grand la porte. Il·elle·s sont nos accoucheurs, au sens que la maïeutique donne à ce terme, pour qu'à notre tour nous puissions vous accoucher.

Scholé et Diatribé, les jumeaux grecs

Une figure archétypale possible des jumeaux prendrait pendant la Grèce antique (Merci à O. Lajousse pour son partage à ce propos) la forme de Scholé et Diatribé. L'un est introverti, replié sur lui-même, silencieux. L'autre est extraverti, partageur, prêt à en découdre. On les retrouve sur l'arcane XIX du tarot de Marseille, serrés l'un contre l'autre, sous l'œil paternel du Soleil.

L'œuvre au noir et l'œuvre au jaune sont propres à Scholé. Elles sont silencieuses, nécessitent de l'introspection pour être traversées. Elles sont des traversées en solitaire.

L'œuvre au blanc et l'œuvre au rouge ont en commun d'être destinées au partage. Ce qu'on y apprend de soi doit être offert pour le bien commun. En ceci, elles correspondent à l'énergie dont Diatribé est porteur.

Comme nous l'avons vu, le Grand Œuvre alchimique se décomposent en deux grandes phases : le petit œuvre et le grand œuvre (à distinguer du Grand Œuvre qui est la globalité des quatre étapes). La partie visible de chaque phase est l'expression du Diatribé de chacun·e. Voici pourquoi nous parlons ici de « Voie blanche » et parlerons sans doute un jour de « Voie rouge ».

C'est en répondant à l'appel de nos Licornes que l'Alchimie Blanche s'est invitée en nous. Mais, à l'évidence, elle trace à son tour un chemin qui reste à inventer, vers une voie alchimique rouge, sans doute.

Laissons le temps à nos Sphinx de jouer avec les idées et de se répondre…

• • •

Le passage de l'indifférence à la responsabilité
est la base de toute humanité.

Simone Weil - *L'Enracinement*

Le site des Ateliers du Phénix

Conclusion

• • •

Tu es né·e avec des ailes, pourquoi préfères-tu ramper dans la vie ?
La souffrance et la transformation sont les pierres d'alchimiste de l'âme.

Rûmî

Au moment de clore la rédaction de ce livre, nous nous rendons compte que nous avons, en l'écrivant, traversé un Grand Œuvre alchimique complet, avec les crises nécessaires à chaque étape.

La première crise est le fruit de notre rencontre et de ce constat commun : il faut assumer d'être jusqu'au bout des alchimistes. Pour ce faire, écrire un livre nous a semblé le moyen le plus adéquat, le plus pertinent et le plus passionnant. Nous nous sommes lancées dans l'aventure avec un aller-vers puissant et une naïve fraîcheur !

À l'étape du noir, nous pensions avoir besoin de témoigner uniquement de notre pratique en atelier. On a écrit quatre livres en un, ça partait dans tous les sens.

Deuxième crise : après la remarque de notre agent littéraire préféré : « C'est un OLNI » (objet livre non identifié), nous avons réalisé que nous n'avions, en fait, que la *materia prima*, une belle œuvre au noir. Tout restait à faire...

Au blanc, un travail de réalignement a donc eu lieu. Nous avons compris qu'il nous fallait renoncer à témoigner pour nous mettre au service des lecteur·rice·s. Nous n'avions cependant pas encore renoncé à notre outil, l'Essuyé. Nous pensions faire vivre aux lecteur·rice·s une expérience, sinon picturale, tout au moins pigmentaire, en solitaire.

Troisième crise : personne ne comprend notre propos. On refait le plan, on en écrit encore des tonnes, ça reste toujours hermétique (pas dans le sens qui nous intéresse !) pour le commun des mortel·le·s.

Au jaune : prises de conscience multiples à partir des retours des un·e·s et des autres. Quelque chose d'encombrant, de malaisé devait apparaître au grand jour. Nous avons réalisé à quel point accompagner quelqu'un·e qui n'était pas là, lui faire faire un travail d'Essuyage n'était pas réalisable. C'est devenu brusquement évident : nous ne devions parler que d'Alchimie ! L'expérience proposée au·à la lecteur·rice devait être un cheminement à partir d'un test.

Quatrième crise : malgré tout le travail engagé, les remises en cause, l'assurance que nous avions trouvée, la justesse du ton et du fond, nous n'étions pas attendues. Nos projets s'annulèrent les uns après les autres. Retour en force du doute.

Au rouge : brusquement et presque naturellement, au moment où nous lâchions le projet, tout s'est débloqué. Nous avons rencontré l'éditeur pour qui le livre était une évidence, quelqu'un qui allait nous permettre de l'offrir au monde.

Aujourd'hui, Tahitoa continue encore à nous souffler des idées et à lever le voile sur des pans entiers de notre art, qui nous demeurent inconnus. Aëlle affirme toujours plus le libre arbitre de chacun·e en lui rendant son silence. C'est là toute la magie de ce protocole et de l'aventure inédite qu'elle propose.

Accompagner la révélation de la quintessence de chacun·e est ce qui nous fait vibrer et donne du sens à notre incarnation. Contribuer à faire que l'âme agit n'est tout de même pas la plus désagréable des missions !

• • •

La plupart des gens ne voient que les premières marches. Pourtant l'escalier continue au-delà. Ainsi tout est question d'entraînement. Il faut s'exercer à voir, sentir au-delà, affiner sa perception, se prolonger dans le contact. Nous en avons la capacité. Pour poursuivre la métaphore, voir un peu plus haut, voir les marches suivantes n'a rien de paranormal. C'est toujours le même escalier.

Marie de Hennezel, *Vivre avec l'invisible*

Niort, le 29 janvier 2025

Remerciements

À Stéphanie Honoré, notre agent littéraire, qui a eu l'idée de ce livre la première. Elle a couvé et accompagné le projet et ses autrices tout au long du processus.

À tous les participant·e·s des ateliers du Phénix depuis leurs débuts. Avec une mention spéciale aux aventurières du premier groupe qui nous ont fait confiance : Isabelle, Florence, Virginie, Céline, Peggy, Guylaine et Marie-Claude.

À Oliver et Serge, nos amoureux, pour leur soutien indéfectible et leur enthousiasme, même lorsqu'ils étaient témoins de nos séances de travail en langue des oiseaux.

À Philémon, Justine, Gabriel, Colombine et Corisande, pour qui les Essuyés font partie du décor de leur enfance et qui sont l'incarnation de nos grandes œuvres maternelles.

À Pierre Loyer, le grand-père de Blan.

Bibliographie

BOUCHET, P., *L'Art de l'Alchimie : Exercices et rituels pour libérer la magie qui sommeille en vous*, éditions Marabout, 2023

BURENSTEINAS, P., *Un alchimiste raconte : Autobiographie d'un alchimiste*, éditions J'ai Lu, 2018.

BLIN, B., DELOURME, A., *Quand la conscience s'éveillera : Accompagnements psycho-spirituels*, éditions L'Harmattan, 2016.

BRENNAN, B. A., *Le Pouvoir bénéfique des mains*, éditions Tchou, 1993.

CHABRILLAC, O., *Âme de sorcière ou La Magie du féminin*, éditions Solar, 2017

CHAMBON, O., *Psychothérapie et chamanisme*, Véga éditions, 2012.

CHOLLET, M., *Sorcières : La puissance invaincue des femmes*, éditions La Découverte, 2018.

CHOPRA, D., *Les Sept Lois spirituelles du succès*, éditions J'ai Lu, 1997.

— *La Voie du magicien : transformez votre vie avec l'enseignement secret de Merlin l'enchanteur*, éditions J'ai lu, Paris, 1997.

COELHO, P., *L'Alchimiste*, éditions J'ai Lu,

FELLA, A., *Femmes chamanes : Rencontres initiatiques*, Mama éditions, 2020.

GIBRAN, K., *Le Sable et l'écume et autres poèmes*, Points éditions, 1926.

GINESTE, L., *Le Grimoire secret de l'alchimiste*, Rustica éditions, 2019.

HARNER, M., *Caverne et cosmos : Rencontres chamaniques avec une autre réalité*, Mama éditions, 2014.

HENNEZEL, M., *Vivre avec l'invisible : rêves, intuitions, anges gardiens... Notre relation à l'invisible est essentielle*, éditions Robert Laffont/Versilio, 2021.

HUGUELIT, L., CHAMBON, O., *Le Chamane & le Psy : Un dialogue entre deux mondes*, Mama éditions, 2012.

JAMESSE, H., *7 clés pour lâcher prise*, Hachette Pratique, 2020.

JODOROWKSY, A., *LaVoie du tarot*, éditions Albin Michel, 2004.

JUNG, C., *Psychologie et alchimie*, éditions Buchet Chatel, 2014.

— *L'Énergétique psychique*, Le Livre de poche, 1996.

LECOCQ, T., *Les Grandes Oubliées : Pourquoi l'Histoire a effacé les femmes*, éditions de L'Iconoclaste, 2021.

PASTOUREAUX, M., *Jaune : Histoire d'une couleur, éditions du* Seuil, 2019.

— *Rouge : Histoire d'une couleur*, éditions du Seuil, 2016.

SALOMON, P., *Le Couple intérieur*, éditions Albin Michel, 1998.

SILGUY, C., *Transformez ce qui vous plombe en or*, éditions Le lotus et l'éléphant, 2022.

Ce livre ne se substitue en aucun cas à un avis médical ou à un traitement prescrit par un professionnel de santé. Il propose un cheminement intérieur à visée spirituelle et symbolique. Ce livre présente une perspective d'exploration de soi et de mieux-être global. Les autrices et l'éditeur déclinent toute responsabilité quant aux usages qui pourraient être faits de cet ouvrage en dehors de ce cadre.

58, rue Jean Bleuzen – 92178 Vanves Cedex

Édition : Grégoire Provost
Fabrication : Anne-Laure Soyez
Mise en page : Assia Chioukh
Dessins et schémas : Assia Chioukh
Illustrations des étapes du Grand Œuvre : Blan (pages 21, 57, 71, 87, 108)
Couverture : Cécilia Rehbinder
Illustration de couverture : iStock / Levgeniia Lytvynovych
Préparation de copie : Cécile Grimbert
Correction : Marjorie Demaria
Responsable partenariats : Dana Lichiardopol (dlichiardopol@hachette-livre.fr)

Ouvrage publié avec le concours de Stéphanie Honoré.

Contacter l'éditeur : support@lelotusetlelephant.com

Dépôt légal : juin 2025
ISBN : 978-2-01-734218-2/01
76-6285-2

Achevé d'imprimer en Espagne